राशिफल

27 नक्षत्रों में जन्मे जातकों के भविष्यफल

अरुण सागर 'आनन्द'

वी एण्ड एस पब्लिशर्स

प्रकाशक

वी एण्ड एस पब्लिशर्स

F-2/16, अंसारी रोड, दरियागंज, नई दिल्ली-110002
☎ 23240026, 23240027 • *फैक्स:* 011-23240028
E-mail: info@vspublishers.com • *Website:* www.vspublishers.com

क्षेत्रीय कार्यालय : हैदराबाद
5-1-707/1, ब्रिज भवन (सेन्ट्रल बैंक ऑफ इण्डिया लेन के पास)
बैंक स्ट्रीट, कोटी, हैदराबाद-500 095
☎ 040-24737290
E-mail: vspublishershyd@gmail.com

शाखा : मुम्बई
जयवंत इंडस्ट्रिअल इस्टेट, 2nd फ्लोर - 222,
तारदेव रोड अपोजिट सोबो सेन्ट्रल मॉल, मुम्बई - 400 034
☎ 022-23510736
E-mail: vspublishersmum@gmail.com

फ़ॉलो करें:

हमारी सभी पुस्तकें **www.vspublishers.com** पर उपलब्ध हैं

मुद्रक: **रेप्रो नॉलेजकास्ट लिमीटेड, ठाणे**

प्रकाशकीय

वी एण्ड एस पब्लिशर्स पिछले अनेक वर्षों से आत्म-विकास एवं जनरुचि की पुस्तकें प्रकाशित करते आ रहे हैं। ज्योतिष संबंधी पुस्तकें प्रकाशित करने के दौरान जब हमारा ध्यान देश की आम जनता की ओर गया तो हमने उनकी रुचि एवं ज्योतिष पर अटूट आस्था को ध्यान में रखते हुए 'राशिफल' पुस्तक प्रकाशित किया है।

प्रस्तुत पुस्तक में वर्ष भर के 27 नक्षत्रों में जातकों के फल, राशि और समय निर्धारण तथा अनिष्ट ग्रहों की शांति के लिए शुभ रत्नों की विस्तारपूर्वक जानकारी दी गई है। इस पुस्तक की भाषा सरल एवं आसान होने के कारण समाज के प्रत्येक वर्ग का व्यक्ति इसे लेकर राशिफल संबंधी अपनी छोटी से छोटी जिज्ञासाओं की जानकारी प्राप्त कर सकता है। पाठकों को सलाह दी जाती है कि वह कोई भी रत्न किसी सुयोग्य ज्योतिषी की सलाह पर ही धारण करें। हम आशा करते हैं कि यह पुस्तक समाज के प्रत्येक वर्ग को अवश्य लाभान्वित करेगी।

-प्रकाशक

विषय-सूची

१

27 नक्षत्रों में जन्मे जातकों का फल

1. अश्विनी नक्षत्र

इस नक्षत्र में जन्म लेने वाले जातक बड़ी आँखों वाले, छोटे नाखून एवं विरल दाँतों वाले होते हैं। सुन्दर रूप, बुद्धिमान, आभूषण एवं वस्त्र-प्रिय, कलात्मक प्रकृति के होते हैं। जन्मकालीन पिता को कुछ अनिष्ट रहता है। यह गण्डमूलक नक्षत्र है।

इसमें उत्पन्न ज़्यादातर जातक विचारशील, लेखक, अध्यापन या शिक्षाप्रद कार्य करने वाले, धनी, वैज्ञानिक अथवा निजी कार्य क्षेत्र में भी अग्रणी, कार्य-कुशल होते हैं। भ्रमणप्रिय अथवा विदेशी कार्यों से सम्बन्धित या विदेश में भाग्योदय होता है। तर्क-वितर्क करने में अत्यन्त कुशल होते हैं।

2. भरणी नक्षत्र

इस नक्षत्र में जन्म लेने वाले ज़्यादातर जातक चतुर, शुरू किये हुए कार्य के परिणाम तक जाने वाले, विरोधियों को नीचा दिखाने वाले, धार्मिक कार्यों मे रुचि रखने वाले, भाग्यवादी, कभी-कभी अनिश्चित विचारों वाले, चंचल, कामी एवं धोखा देने में तत्पर होते हैं।

3. कृतिका

इस नक्षत्र में जन्म लेने वाले जातक के मुख पर जन्म से चिह्न युक्त, असहिष्णु, जल्दी क्रोधित हो जाने वाले, दन्त रोगी, उग्र प्रकृति, भोजन के प्रेमी, सदा मित्र समूह के अभिलाषी, अतिथि-सत्कार करने में कुशल, आरामपसन्द, और भोग-विलास प्रेमी, उदार हृदय, प्रसन्न हृदय, और प्रभावशाली व्यक्तित्व, रचनात्मक कार्य एवं शान्तिपूर्वक कार्य करने के अभिलाषी होते हैं। राज्य सरकार से लाभ प्राप्त करने में कुशल होते हैं। विद्या एवं उच्चतर ज्ञान-प्राप्ति में इनकी विशेष क्षमता रहती है।

4. रोहिणी नक्षत्र

रोहिणी नक्षत्र में जन्म लेने वाला जातक सुन्दर आकृति वाला, सौन्दर्य प्रेमी, संगीत, कला, साहित्य नाट्य, लेखनादि कार्यों में विशेष रुचि रखने वाला, मधुरभाषी, अपने परिवार के प्रति विशेष लगाव रखने वाला, धार्मिक प्रवृत्ति, चतुर परन्तु संयत प्रकृति, विपरीत योनि के प्रति जल्दी आकर्षित हो जाने वाला होता है।

5. मृगशिरा नक्षत्र

शुक्र की राशि और मंगल के नक्षत्र में जन्म लेने वाले ऐसे जातक ज़्यादातर धनवान, अनैतिक कार्यों से भी धन प्राप्त करने वाले, अविश्वासी, उच्चाभिलाषी, आडम्बर एवं ऐश्वर्ययुक्त जीवन के इच्छुक, अच्छी याददाश्त वाले, दूसरों की बात जल्दी समझने वाले, अच्छी तर्क शक्ति वाले, स्वार्थी, नेतृत्व करने वाले, सेना अथवा संस्था के प्रमुख बनने में प्रयत्नशील, व्यवहार-कुशल तथा विनम्र स्वभाव के होते हैं।

6. आर्द्रा नक्षत्र

बुध की राशि मिथुन और राहु के इस नक्षत्र में उत्पन्न हुए जातक, मधुरभाषी, सबसे प्रेम करने वाले, वैद्य अथवा मन्त्र शक्ति के ज्ञाता, साफ़ दिल के, बीते कृत्यों पर चिन्ता करने वाले, दिल से कमज़ोर, साधारण आर्थिक स्थिति वाले, अपने परिवारजनों से मतभेद रखने वाले, नशीली वस्तुओं का सेवन करने वाले, गर्वयुक्त आचरण करने वाले, यदि मिथुन राशि अशुभ ग्रहों से युक्त हो, तो बेकार भ्रमण करने वाले होते हैं। ऐसे जातकों का अपने घर से दूर किसी और जगह पर भाग्योदय होता है।

7. पुनर्वसु नक्षत्र

बुध की राशि तथा बृहस्पति के नक्षत्र में जन्म लेने वाले ऐसे जातक प्रायः विचारशील, मेधावी, ससुराल से धन प्राप्त करने वाले, दन्त रोगी, वृद्धावस्था में सुख भोगने वाले होते हैं। वह सुन्दर वस्त्रों के शौक़ीन, उच्चाभिलाषी, महत्त्वपूर्ण पद प्राप्त करने वाले, तीव्र बुद्धि, अच्छी स्मरण-शक्ति, व्यावहारिक, देखने में सुन्दर, बुद्धिमान, दानी, उच्च कुल में जन्म लेने वाले, सन्तुष्ट एवं धार्मिक प्रवृत्ति के होते हैं। इन्हें कई यात्राओं के अवसर मिलते हैं। इस नक्षत्र के देवता अदिति हैं।

8. पुष्य नक्षत्र

शनि के नक्षत्र और चन्द्रमा की राशि में उत्पन्न जातक प्रायः शान्त स्वभाव, सुन्दर रूप, चतुर, धनवान और धार्मिक स्वभाव के होते हैं। ऐसे जातक बुद्धिमान, सावधान, धीर, सुरक्षित रहकर कार्य कर सकने वाले, मन्त्री, राज्याधिकारी, ईमानदार, लोक-प्रशंसित, स्पष्टवादी, भ्रमण प्रिय, कठिन कार्यों को चतुरता से निपटाने में कुशल होते हैं। ये कठिन परिस्थितियों में भी साहस नहीं छोड़ते। ईश्वर-भक्त, दार्शनिक विचारधारा के होते हैं। पुष्य जातक प्रायः लम्बी आयु जीने वाले-सामाजिक कार्यों में सफल माने जाते हैं। प्रायः भाग्यशाली रहते हैं। 35 साल की अवस्था के बाद ही लाभ-प्राप्ति की ओर बढ़ पाते हैं।

9. आश्लेषा नक्षत्र

बुध के नक्षत्र और चन्द्रमा की राशि (कर्क) में जन्म लेने वाले ऐसे जातक बहुत

जल्दी खुश हो जाने वाले, चतुर बुद्धि वाले, बहुत जल्दी बदल जाने वाले, दूसरों की नकल करने वाले, कलात्मक अभिरुचियों वाले होते हैं। प्रायः धनवान, स्त्री प्रेमी, दूसरों के कार्य तत्परता से करने वाले, खाने-पीने के शौक़ीन, हँसमुख, साहित्य एवं संगीत के जानकार एवं भ्रमणप्रिय होते हैं। बड़े परिवार से युक्त साफ-साफ बोलने वाले, 33 वर्ष की आयु में इनका भाग्योदय होता है। यह गण्डमूलक नक्षत्र होने से पूजनीय हैं।

10. मघा नक्षत्र

सूर्य की राशि एवं केतु के नक्षत्र में जन्म लेने वाले ऐसे व्यक्ति साफ़-साफ़ बोलने वाले, कुछ मुँहफट, बहुत जल्दी क्रोधित और जल्दी ही मान जाने वाले प्रकृति के होते हैं। ऐसे जातक उद्यमी, धनवान, देवता-पितरों के भक्त और भोगवृत्ति के होते हैं। मघा में जन्म लेने वाले जातक अपूर्व विचार शक्ति वाले, दूर की सोचने वाले, साहसी, कामी, भावुक, और कभी अहंकारी और गरम मिजाज़ के भी होते हैं। उच्चाभिलाषी, कार्य निपुण, सरकारी अथवा निजी क्षेत्र में विश्वसनीय पद पर सुशोभित तथा गुप्त कार्यों में विशेष रुचि रखने वाले होते हैं।

11. पूर्वाफाल्गुनी नक्षत्र

सूर्य की राशि तथा शुक्र के नक्षत्र में जन्म लेने वाले ऐसे जातक आमतौर पर मधुरभाषी, चतुर, अनेक कलाओं में कुशल, विद्वान्, सुन्दर आकृति एवं उदारचित्त तथा कोमल हृदय के स्वामी होते हैं। स्वभाव से ऐसे जातक कवि, विलास और आराम के शौक़ीन, ईमानदार, सत्यवादी, आमकेन्द्रित, संगीतज्ञ, बहुमूल्य वस्तुओं, वस्त्रों और आभूषणों के प्रेमी, बहुत जल्दी खुश हो जाने वाले, क्रय-विक्रय में कुशल, नम्रतापूर्वक बोलने वाले, सहानुभूतिपूर्वक व्यवहार करने वाले, धार्मिक संस्थाओं और मान-सम्मान को अधिक महत्त्व देने वाले होते हैं।

12. उत्तराफाल्गुनी नक्षत्र

इस नक्षत्र में जन्म लेने वाले जातक आत्मिक बल से युक्त, उदारचित्त, उच्चाभिलाषी, अपनी प्रशंसा करने वाले, रोब जमाने वाले, साहसी, तड़क-भड़क में विश्वास रखने वाले, साफ-साफ बोलने वाले, दानी, उच्च पद से लाभ प्राप्त करने वाले, धनी वर्ग से सम्बन्ध रखने वाले, सबके प्रिय, अपनी बुद्धि के कौशल से धन कमाने वाले, सरकारी क्षेत्र में विशेषतया सम्मानित, कार्यकुशल, प्रियभाषी एवं प्रसिद्धि प्राप्त करने वाले होते हैं।

द्वितीय से चतुर्थ-चरण तक इस नक्षत्र का स्वामी सूर्य तथा राशि (कन्या) का स्वामी बुध है। उत्तराफाल्गुनी के अन्तिम तीन चरणों में उत्पन्न जातक विद्वान्, उद्यमी, अध्ययनशील, ज्योतिष विद्या का ज्ञाता, बातचीत करने में माहिर, व्यापारिक बुद्धि वाले, कुशाग्र बुद्धि एवं प्रतिभावान होते हैं। ये गणित, साहित्य एवं भाषाविज्ञ होते हैं।

13. हस्त नक्षत्र

इस नक्षत्र में जन्म लेने वाले जातक उत्साही, निर्दयी, कुशल कार्यकर्त्ता, मदिरा आदि तरल नशीले पदार्थों के शौक़ीन, उत्तम कारीगर, झूठ बोलने वाले, कुशल व्यापारी, लापरवाह, अपने परिश्रम से उन्नति करने वाले, व्यावहारिक, विपरीत योनि (Opposite-sex) के प्रति विशेष आकर्षण रखने वाले, स्वच्छ हृदय वाले, बुद्धिमान, चतुर, और अपने स्वार्थ की पूर्ति के लिए अनुचित मार्ग भी अपनाने वाले और तेज़ स्वभाव के होते हैं। अपनी आयु के 30 से 32वें वर्ष में विशेष लाभ उठाने वाले होते हैं।

14. चित्रा नक्षत्र

प्रथम दो चरणों में (कन्या राशि के अन्तर्गत) राशि स्वामी बुध एवं मंगल के नक्षत्र में जन्म लेने वाले जातक सुन्दर नेत्र एवं आकर्षक आकृति, बातचीत में चतुर, विनोद-प्रिय, व्यावहारिक, स्पष्टवादी, उद्यमी, कभी-कभी अधीर हो जाने वाले एवं तेज़ मिज़ाज तथा छोटी-छोटी बातों में रूठ जाने वाला, सुन्दर वस्त्र एवं आभूषण प्रिय, आर्थिक स्थिति साधारण, ईमानदार प्रकृति, लाल एवं हरे रंग को प्रेम करने वाले होते हैं।

चित्रा-(अन्तिम दो चरण)

तुला राशि के अन्तर्गत पड़ने से राशि स्वामी शुक्र तथा नक्षत्र स्वामी मंगल है। चित्रा नक्षत्र के इस भाग में उत्पन्न जातक कलात्मक अभिरुचियों वाला, संगीत प्रेमी, उच्चाभिलाषी, महत्त्वाकांक्षी, शृंगारप्रिय, अपने जीवन में घटित होने वाली घटनाओं का पूर्वानुमान लगाने वाला, आदर्शवादी एवं आकर्षक व्यक्तित्व का होता है। तकनीकी और कलात्मक दोनों प्रकार के कार्यों में कुशल होता है।

15. स्वाती नक्षत्र

ऐसे नक्षत्र में जन्म लेने वाले जातक संवेदनशील, दयावान, ईमानदार, बुद्धिमान, न्यायप्रिय, रुक-रुककर बोलने वाले, स्पष्टवादी, उच्चाभिलाषी, भावुक, मधुर स्वभाव, भविष्यवक्ता एवं पूर्वानुमान लगाने में कुशल, मदिरा आदि नशीली वस्तुओं के प्रिय, तीव्र स्मरण-शक्ति वाले, व्यापार में कुशल तथा 30 से 35 वर्ष की आयु में विशेष लाभ कमाने वाले होते हैं।

16. विशाखा नक्षत्र

प्रथम तीन चरणों में शुक्र की राशि (तुला) और बृहस्पति के नक्षत्र में उत्पन्न हुआ जातक आकर्षक प्रभावशाली, महत्त्वाकांक्षी, स्वतन्त्र विचारों वाला न्यायप्रिय, बोलने में चतुर, कुछ ईर्ष्यालु एवं अहंकार युक्त प्रकृति, ईश्वर में आस्थावान, विदेशों में भ्रमणकारी, उच्च रूप से शिक्षित, मध्यस्थ, व्यापार आदि में रुचि रखने वाला, अच्छा वक्ता, मनोरंजन का शौक़ीन, धन लाभ मध्यम, चरित्र की दृष्टि से मिश्रित गुणों वाला, ज्योतिषादि विषयों में रुचि रखने वाला तथा जीवन के उत्तरार्द्ध भाग में विशेष भाग्योदय वाला होता है।

17. अनुराधा नक्षत्र

इस नक्षत्र में जन्म लेने वाला जातक संघर्षशील, मेहनती, कलानिपुण, काम निकालने में चतुर, भ्रमणप्रिय, धनवान, अपने परिवारजन एवं मित्रवर्ग का सहायक, दृढ़निश्चयी, अधिकारपूर्ण वाणी युक्त, कभी अप्रिय एवं रुक्ष वाणी बोलने वाला, स्वार्थी, हिंसात्मक प्रवृत्ति, कठोर, उत्साही, निर्भीक, ईमानदार, पराक्रमी, भूख न सहन करने वाला, शान्तिप्रिय, माँस-तम्बाकू-मदिरा आदि का शौक़ीन, पुराण, एवं विज्ञानादि तकनीकी कार्यों में विशेष रुचि रखने वाला, उन्नतिशील तथा कठिन परिश्रम से धन प्राप्त करने में सक्षम होता है।

18. ज्येष्ठा नक्षत्र

इस नक्षत्र में जन्म लेने वाला जातक जल्दी-जल्दी कार्य करने वाला, सरल हृदय, अध्ययनशील, तेज़मिज़ाज, साफ-साफ़ बोलने वाला, क्रोधी, तर्कशील, बातचीत में निपुण, धार्मिक-प्रकृति, मित्रों का सहयोगी, बहुमित्रों से युक्त, तीक्ष्ण बुद्धि, दयालु, कुछ अहंकार युक्त तथा विलासप्रिय होता है।

19. मूल नक्षत्र

इस नक्षत्र में जन्म लेने वाला जातक प्रायः धार्मिक कार्य करने वाला, उदार हृदय, ईमानदार, मिलनसार, नीति का पालन करने वाला, परोपकारी, आत्माभिमानी, धनी, वाहनादि सुखों से युक्त, सामाजिक कार्यों में संलग्न, दृढ़निश्चयी एवं सुशिक्षित संस्कारों से युक्त होता है।

20. पूर्वाषाढ़ा नक्षत्र

इस नक्षत्र में जन्म लेने वाला जातक भाग्यवान, लोकप्रिय, आत्माभिमानी, अच्छे मित्रों से युक्त और मनोनुकूल खुशी देने वाली स्त्री वाला होता है। ऐसे जातक शिक्षित, उदारचित्त, हँसमुख स्वभाव, ईमानदार, दूसरों से प्रेम करने वाले न्यायशील, आशावादी, सच्चाई पसन्द, सवारी, एवं अन्य आधुनिक पदार्थों के सुखों से सम्पन्न, ख़र्चीले, कार्यकुशल, समाज में प्रतिष्ठित, एकान्तप्रिय, न्यायप्रिय, एवं संवदेनशील, मिलनसार, तथा कलात्मक एवं कामुक प्रकृति के होते हैं। विविध प्रकार के भोजन के शौक़ीन होते हैं।

21. उत्तराषाढ़ा नक्षत्र (प्रथम चरण)

सूर्य के नक्षत्र और बृहस्पति की राशि (धनु) में जन्म लेने वाले जातक आकर्षक व्यक्तित्व वाले, बुद्धिमान, क़ानून के ज्ञाता, धार्मिक प्रवृत्ति, प्रसन्नचित्त, अध्ययनशील, सन्तुलित भाषा का प्रयोग करने वाले, बातचीत में निपुण, अनेक भाषाओं को जानने वाले, तीव्र स्मरण-शक्ति के मालिक तथा भविष्य के प्रति सतर्क होते हैं।

उत्तराषाढ़ा (अन्तिम तीन चरण)

सूर्य के नक्षत्र और शनि की राशि में (मकर) में जन्म लेने वाले जातक समझदार,

आलोचक, बुद्धिमान, विश्वसनीय, बहस करने में कुशल, तकनीकी कार्यों में विशेष प्रवीण, हठी प्रकृति, कई बार विवादों के कारण मुसीबतों में पड़ने वाले, विज्ञान एवं हिसाब-किताब के कार्यों में कुशल व गम्भीर प्रकृति के होते हैं।

22. श्रवण

चन्द्रमा के नक्षत्र और शनि की राशि (मकर) जन्म लेने वाले जातक बुद्धिमान, शिक्षित, मननशील, सतर्क, शंकालु, हास्यप्रिय, साहस की कमी, कार्यों को टालने वाले, व्यर्थ के कामों में उलझे रहने वाले, आलसी, ज़्यादा सरदी व ज़्यादा गरमी न सहने करने वाले, सुन्दर एवं उदार पत्नी वाले, धनी, ज्योतिष, संगीत और गणित में रुचि रखने वाले होते हैं।

23. धनिष्ठा (प्रथम दो चरण)

शनि की राशि (मकर) और मंगल के नक्षत्र में उत्पन्न होने वाले ऐसे जातक परिश्रम से उन्नति पाने वाले, स्त्री प्रेमी, ईमानदार, क्रोधी, महत्त्वाकांक्षी, लोहे के कार्य से लाभान्वित तथा हिंसक कार्यों से हानि उठाने वाले, साहसी, प्रतिशोधी, स्वार्थी, हिंसक, कभी-कभी असंयत एवं क़ाबू से बाहर हो जाने वाले, व्यावहारिक, संगीत एवं खेल प्रेमी, बहुत ज़्यादा बोलने वाले और मुँहफट तथा कूटनीतिज्ञ होते हैं।

धनिष्ठा (अन्तिम दो चरण) इन दो चरणों में जन्म लेने वाले जातक शक्तिशाली, हठी, अधिक कन्या सन्तति वाले, आजीविका के क्षेत्र में भाग्यशाली, व्यसनी, लालची, धार्मिक, प्रेम अथवा मित्रता के सम्बन्ध में विश्वसनीय, अपने-आप अपनी बढ़ाई करने वाले, तकनीकी कार्यों में निपुण, परिश्रमी, न्यायप्रिय, शीघ्र ही उत्तर देने में चतुर तथा शीघ्र ही उत्तेजित हो जाने वाले होते हैं।

24. शतभिषा नक्षत्र

शनि की राशि (कुम्भ) एवं राहु के इस नक्षत्र में जन्म लेने वाले जातक सत्यनिष्ठ, स्वतन्त्र विचारों वाले, हठी, आरामतलब, छुट्टियाँ बिताने के शौक़ीन, मशीनरी एवं तकनीकी कार्यों में रुचि रखने वाले, सेवाभावी, उदार हृदय, तीव्र बुद्धि, शिक्षित, तेज़ एवं चंचल स्वभाव, महत्त्वाकांक्षी, साधु-सन्तों के सेवक, कूटनीतिज्ञ, कला-प्रेमी, शत्रुनाशक एवं बिना विचारे काम करने वाले होते हैं। ये विपरीत योनि के प्रति बहुत जल्दी आकर्षित हो जाते हैं। 28 वें साल के बाद ये अपने जीवन में विशेष उन्नति करते हैं।

25. पूर्वाभाद्रपद नक्षत्र-(प्रथम तीन चरण)

शनि की राशि (कुम्भ) और बृहस्पति के नक्षत्र में जन्म लेने वाला ऐसा जातक सुन्दर चेहरे वाला, दार्शनिक, सत्यवादी, मित्रों का हितैषी, बुद्धिमान, अनुशासन-प्रिय, ज्योतिष प्रेमी, आलोचक, दूसरों से काम निकालने में माहिर, ईश्वर-भक्त, स्त्रियों

से संकोच करने वाला तथा वृद्धावस्था में अचानक धन प्राप्त करने वाला होता है।

पूर्वाभाद्रपद नक्षत्र-(अन्तिम चरण)

गुरु के नक्षत्र और गुरु की राशि (मीन) में जन्म लेने की वजह से ऐसे जातक दयालु स्वभाव, आकर्षक एवं प्रभावशाली व्यक्तित्व, व्यवहारकुशल, सत्यनिष्ठ, महत्त्वाकांक्षी, शुभ विचारों से युक्त, उदार-हृदय, परोपकारी, संगीतकला और साहित्य कला में रुचि रखने वाला, अधिकार वाणी से युक्त, शास्त्रादि में रुचि रखने वाला, समाज में प्रतिष्ठित, धनवान, वाहन-सन्तानादि सुखों से युक्त, विद्वान् तथा यौन सम्बन्धों में संकोचशील रहने वाला होता है।

26. उत्तराभाद्रपद नक्षत्र

गुरु की राशि (मीन) और शनि के नक्षत्र में उत्पन्न हुए ऐसे जातक सुन्दर आकृति, परोपकारी, प्रियवक्ता, विद्वान्, अच्छी सन्तान युक्त, धार्मिक, शत्रु पर विजय प्राप्त करने वाले, धन, सम्पत्ति एवं वाहनादि सुखों से युक्त, कुशाग्रबुद्धि, मित्रों में प्रिय, दुःखी प्राणी की सहायता करने वाले, दार्शनिक, शान्तिप्रिय, स्वतन्त्र और मौलिक विचारों वाले, उच्च एवं कुलीन आचरण वाले, विद्या प्रेमी, समाज में प्रतिष्ठित, उदारचित्त, सोच-विचार से कार्य करने वाले, तकनीकी कार्यों में सिद्धहस्त एवं स्त्रियों द्वारा सम्मानित होते हैं।

27. रेवती नक्षत्र

बुध के नक्षत्र एवं गुरु की राशि (मीन) में उत्पन्न जातक पुष्ट अंगों वाला, सर्वप्रिय, विद्याप्रेमी, गुणवान, कुशाग्रबुद्धि, तर्क-वितर्क करने में कुशल, संशयात्मक एवं दुविधापूर्ण मनःस्थिति वाला, सुन्दर, परामर्श देने में कशल, कामातुर, विद्वान्, दूरदर्शी, सहानुभूतिपूर्ण व्यवहार वाला, सरल चित्त, आध्यात्मिक प्रवृत्ति, निर्णय देने में कुशल, माता-पिता के प्रति कर्तव्यनिष्ठ एवं सामाजिक कार्यों में रुचि लेने वाला होता है। ऐसा जातक 32 वें वर्ष बाद विशेष रूप से उन्नति करता है।

✣ ✺ ✣

२

राशि और समय निर्धारण

ज्योतिष शास्त्र में गणना करने की दो पद्धतियाँ होती हैं।

    1. सायन   2. निरयन

    भारतीय ज्योतिषी 'सायन' पद्धति के अनुसार गणना करते हैं, तो पाश्चात्य मतावलम्बी 'निरयन' को महत्ता देते हैं। दोनों में अन्तर होने के कारण पाश्चात्य व भारतीय तारीख़ों में अन्तर पड़ जाता है। यह अन्तर 18 से 27 दिन का हो जाता है। इसी कारण राशियों में भी अन्तर आ जाता है।

    राशियाँ 12 होती हैं और सूर्य पूरे एक वर्ष में बारहों राशियों पर अपना भ्रमण पूरा कर लेता है। यह एक-एक राशि पर 1 महीना रहता है, जिसे सूर्य संक्रान्ति कहते हैं।

    पाश्चात्य मतानुसार 'सूर्य' मेष राशि में 21 मार्च के लगभग आता है। कुछ के मतानुसार 15 मार्च को ही सूर्य मेष राशि में प्रवेश कर जाता है और 20 या 14 अप्रैल तक रहता है, जबकि भारतीय मतानुसार 'सूर्य' मेष राशि में 13 अप्रैल को आता है और 12 मई तक रहता है।

    यह अन्तर मीन राशि तक चलता रहता है। संक्रान्ति में एक दिन घटते-बढ़ते के कारण कभी-कभी यह अन्तर एक दिन का भी हो जाता है।

    भविष्यवाणी करते समय कुछ ज्योतिषी पाश्चात्य मत को मान्यता देते हैं, तो कुछ भारतीय मत को।

    यहाँ मैं दोनों राशियों के समय का निर्धारण दोनों मतों से कर रहा हूँ। यहाँ मैं आपको यही सलाह दूँगा कि आप भारतीय मत के हिसाब से ही राशियों के निर्धारण और उनके फल को मानें।

मेष राशि

    पाश्चात्य मत से– 21अप्रैल से 20 अप्रैल
    भारतीय मत से– 13 अप्रैल से 12 मई

वृष राशि

    पाश्चात्य मत से– 21 अप्रैल से 21 मई
    भारतीय मत से– 13 मई से 14 जून

मिथुन राशि

पाश्चात्य मत से– 22 मई से 21 जून
भारतीय मत से– 15 जून से 15 जुलाई

कर्क राशि

पाश्चात्य मत से– 22 जून से 23 जुलाई
भारतीय मत से–16 जुलाई से 16 अगस्त

सिंह राशि

पाश्चात्य मत से– 24 जुलाई से 23 अगस्त
भारतीय मत से– 17 अगस्त से 17 सितम्बर

कन्या राशि

पाश्चात्य मत से– 24 अगस्त से 23 सितम्बर
भारतीय मत से– 17 सितम्बर से 16 अक्टूबर

तुला राशि

पाश्चात्य मत से– 24 सितम्बर से 23 अक्टूबर
भारतीय मत से– 17 अक्टूबर से 23 नवम्बर

वृश्चिक राशि

पाश्चात्य मत से– 24 अक्टूबर से 22 नवम्बर
भारतीय मत से– 24 नवम्बर से 24 दिसम्बर

धनु राशि

पाश्चात्य मत से– 23 नवम्बर से 22 दिसम्बर
भारतीय मत से– 25 दिसम्बर से 13 जनवरी

मकर राशि

पाश्चात्य मत से– 23 जनवरी से 20 जनवरी
भारतीय मत से– 10 जनवरी से 13 फ़रवरी

कुम्भ राशि

पाश्चात्य मत से– 21 जनवरी से 19 फ़रवरी
पाश्चात्य मत से– 14 फ़रवरी से 13 मार्च

मीन राशि

पाश्चात्य मत से– 20 फ़रवरी से 20 मार्च
भारतीय मत से– 14 मार्च से 21 अप्रैल

✳ ☀ ✳

३

आपकी राशि और फल

सूर्य एक सौर मास में 12 राशियों में भ्रमण करता है। प्रत्येक मास सूर्य-भ्रमण से सूर्य की राशि के अनुसार आप जान सकते हैं कि आपकी राशि क्या है?

21 मार्च से 20 अप्रैल-मेष

21 अप्रैल से 21 मई-वृष

22 मई से 21 जून-मिथुन

22 जून से 23 जुलाई-कर्क

24 जुलाई से 23 अगस्त-सिंह

24 अगस्त से 23 सितम्बर-कन्या

24 सितम्बर से 23 अक्टूबर-तुला

24 अक्टूबर से 22 नवम्बर-वृश्चिक

23 नवम्बर से 22 दिसम्बर-धनु

23 दिसम्बर से 20 जनवरी-मकर

21 जनवरी से 19 फ़रवरी-कुम्भ

20 फ़रवरी से 20 मार्च-मीन

भचक्र (ZODIAC) राशियाँ 12 भागों में बँटी होती हैं। यह राशियाँ संख्यात्मक क्रम से इस प्रकार हैं तथा उनके स्वामी ग्रह निम्नलिखित तालिका से देखें-

क्रम संख्या	राशि	स्वामी
1.	मेष (Aries)	मंगल
2.	वृष (Taurus)	शुक्र
3.	मिथुन (Gemini)	बुध
4.	कर्क (Cancer)	चन्द्र
5.	सिंह (Leo)	सूर्य
6.	कन्या (Virgo)	बुध
7.	तुला (Libra)	शुक्र

8.	वृश्चिक (Scorpio)	मंगल
9.	धनु (Sagittarius)	गुरु
10.	मकर (Capricorn)	शनि
11.	कुम्भ (Aquarius)	शनि
12.	मीन (Pisces)	गुरु

फलादेश

मेष (Aries)

मेष राशि का स्वामी मंगल है। राशिपति मंगल की स्थिति शुभ होने से जातक अत्यन्त साहसी, सतर्क, स्वतन्त्र विचारों वाला, तीव्र बुद्धि वाला, तेज़ स्मरण-शक्ति वाला, अत्यधिक उत्साही, स्पष्टवादी, भ्रमणप्रिय, अपने परिश्रम के बल पर आय एवं धन के साधन जुटाने वाला तथा अत्यन्त महत्त्वाकांक्षी होता है। ऐसे जातक को अपने सगे-सम्बन्धियों की ओर से सहायता कम ही मिलती है।

चूँकि मेष राशि चर और अग्नितत्त्व प्रधान है, ऐसी राशि में जन्म लेने वाला जातक परिवर्तनशील प्रवृत्ति, अस्थिर स्वभाव, जल्दी गुस्से में आने वाला तथा जल्दी ही शान्त हो जाने वाला होता है। ऐसे जातक यदि व्यवसाय में हों, तो कई कठिनाइयों के बावजूद भी सफलता प्राप्त कर लेते हैं। ऐसे जातक ज़मीन-जायदाद से कई प्रकार के लाभ अर्जित करते हैं।

ऐसे जातकों को पित्त, कफ़, सिरदर्द, रक्त विकार, नेत्र विकार तथा त्वचा आदि रोगों का भय रहता है। मंगल शुभ होने पर जातक को खेल-कूद व संगीतादि में भी विशेष शौक़ रहता है।

आमतौर पर ऐसे जातकों को मूँगा रत्न शुभ रहता है, परन्तु किसी योग्य ज्योतिषी के परामर्श से ही इन्हें यह रत्न धारण करना चाहिए।

भाग्योदयकारक वर्ष 16, 28, 32 तथा 36 होते हैं।

वृष (Taurus)

वृष राशि का स्वामी शुक्र है। यदि शुक्र शुभ हो, तो जातक सुन्दर, सुगठित शरीर व मध्यम कद का होता है। ऐसे जातकों की आँखें गोल व चमकदार होती हैं। वर्ण सुन्दर व व्यक्तित्व बेहद आकर्षक होता है। स्वभाव से ऐसे जातक हँसमुख, सौम्य प्रकृति, धीर, शान्त, उदारहृदय, प्रसन्नचित्त, स्वावलम्बी, उच्चाभिलाषी, सौन्दर्य प्रेमी, कलाप्रेमी तथा भौतिक सुखों के लिए कठोर परिश्रम करने से पीछे नहीं हटने वाले होते हैं।

ऐसे जातक मधुरभाषी, सौन्दर्य प्रेमी, संगीत कला-साहित्यादि कार्यों में विशेष रुचि रखने वाले होते हैं। आमतौर पर ऐसे जातक अपनी इच्छानुसार कार्य करने वाले, ऐश्वर्ययुक्त जीवन बिताने वाले, व्यवहारकुशल, विपरीत योनि के साथ मैत्री

करने वाले तथा कठिन परिस्थितियों में भी अपना कार्य निकालने में कुशल होते हैं।

चन्द्र-बुध ग्रहों की स्थिति शुभ होने पर ऐसे जातक गणित, बैंकिंग, अभिनय, वस्त्र उद्योग तथा क्रय-विक्रय आदि व्यवसायों से लाभ कमाने वाले होते हैं। इनके लिए हीरा रत्न शुभ होता है।

ऐसे जातकों का भाग्य उदय प्रायः 28, 36, 42 तथा 48वें साल में होता है।

मिथुन (Gemini)

इस राशि का स्वामी बुध ग्रह है। इस राशि में जन्म लेने वाला जातक गोरे रंग का, चंचल आँखों वाला, सामान्य एवं ऊँचे कद का होता है।

ऐसे जातक बुद्धि के तेज़, व्यवहारकुशल, दूर-दूर के स्थानों की यात्राओं से धन कमाने वाले तथा अपनी नीतियों के अनुसार आचरण करने वाले होते हैं।

ऐसे जातकों में बुद्धि एवं भाव तत्त्व दोनों प्रबल होते हैं, इसी वजह से ये पठन-पाठन, क़ानूनी कार्य, व्यापार सम्बन्धी और लेखन सम्बन्धी कार्य बड़ी गम्भीरता से करने वाले नरम स्वभाव के कारण कमज़ोर समझे जाने वाले होते हैं।

चूँकि मिथुन राशि द्विस्वभाव की होती है, इसलिए ऐसे जातकों में एक ही समय पर एक से अधिक कार्य करने की प्रवृत्ति पायी जाती है। ऐसे जातक नये-नये मित्र बनाने में कुशल, बातचीत करने में माहिर तथा अपनी बुद्धि एवं चतुरता के बल पर जीवन में सफलता अर्जित करते हैं।

ऐस जातक क्रय-विक्रय, पुस्तक लेखन, लेखाकार (Accounts), वकालत, अध्यापन, इंजीनियरिंग, कल-पुर्जों के व्यवसाय से धन-लाभ अर्जित करते हैं। इनके लिए शुभ रत्न पन्ना होता है (स्त्री जातकों के लिए पुखराज) है।

इनका भाग्य उदय 22, 32, 35, 36 एवं 42वें साल में होता है।

कर्क (Cancer)

कर्क राशि का स्वामी चन्द्रमा है। जलतत्त्व प्रधान एवं चर राशि होने की वजह से इस राशि के जातकों का चेहरा गोल, कद मध्यम तथा मुख की आकृति बेहद आकर्षक होती है। यदि जन्म-कुण्डली में चन्द्र-मंगल की स्थिति शुभ हो, तो जातक बुद्धिमान, संवेदनशील, चंचल, जलीय वस्तुओं का प्रिय, उच्च कल्पनाशील, समय के अनुसार कार्य करने में कुशल एवं दयालु स्वभाव का होता है।

ऐसे जातक प्यार-सम्बन्धों में सच्चे और ईमानदार होते हैं। ऐसे जातकों की कल्पना-शक्ति प्रबल होती है। ये अन्य लोगों के मन की बातों को समझने में माहिर होते हैं।

ऐसे जातकों को सच्चा मोती या सफ़ेद पुखराज अवश्य धारण करना चाहिए।

ऐसे जातकों को भाग्य उदय प्रायः 24, 25, 28, 32, 36 तथा 40 वें वर्ष में होता है।

सिंह (Leo)

सिंह राशि का स्वामी सूर्य है। इस राशि में जन्म लेने वाला जातक सुन्दर, पुष्ट शरीर, चौड़ा मस्तक, सुगठित, आकर्षक व्यक्तित्व, बुद्धिमान, कर्मठ, पराक्रमी, व्यवहारकुशल, स्वतन्त्र विचारों वाला, नीतियों के अनुसार चलने वाला, महत्त्वाकांक्षी, देश-विदेश में भ्रमण करने वाला, शीघ्र गुस्से में आ जाने वाला और फिर अपने बुद्धि-चातुर्य से स्थिति को सम्भालने वाला, छोटी-छोटी एवं मामूली बातों को उपेक्षा की दृष्टि से देखने वाला, बड़े-बड़े कामों को अपने दम पर पूरा करने वाला, उच्चस्तरीय एवं वैभवशाली जीवन व्यतीत करने वाला होता है।

ऐसे जातक उच्चाभिलाषी होने के कारण अपने प्रत्येक कार्य-व्यवसाय को बड़े पैमाने पर उच्च स्तर पर करना पसन्द करते हैं और उसी में कामयाबी हासिल करके दिखाते हैं। इनके लिए शुभ रत्न माणिक्य होता है।

इनका भाग्य उदय 16, 22, 24, 26, 28 एवं 32 वें वर्ष में होता है।

कन्या (Virgo)

कन्या राशि का स्वामी बुध ग्रह है। इस राशि में जन्म लेने वाले जातक मध्यम शरीर, सुन्दर व आकर्षक आँखें, लम्बी नाक तथा वाणी बेहद मधुर होती है।

ऐसे जातक अपनी नीतियों के अनुसार अपने कार्य सम्पन्न करते हैं। ये कल्पनाशील, सूक्ष्मदर्शी, शान्तचित्त, एकान्त प्रिय, संवेदनशील एवं कठिन परिस्थितियों में स्वयं को ढालने वाले होते हैं।

ऐसे जातक संगीत, कला एवं साहित्य की ओर विशेष दिलचस्पी रखते हैं। बुध-शुक्र की स्थिति शुभ होने पर ऐसे जातक लेखा-गणित, संगीत, कला, अध्यापन, लेखन, क्रय-विक्रय आदि व्यवसायों से धन-लाभ अर्जित करते हैं। ऐसे जातकों की स्मरण-शक्ति तीव्र और प्रकृति अध्ययनशील होती है।

इनके लिए शुभ रत्न पन्ना होता है तथा भाग्य उदय 25, 32, 35, 36 तथा 42वें साल में होता है।

तुला (Libra)

तुला राशि का स्वामी शुक्र होता है। तुला राशि में जन्म लेने वाला जातक गोरे रंग का, सुन्दर, लम्बा कद, सौम्य तथा हँसमुख स्वभाव का होता है।

ऐसे जातक न्यायप्रिय, मिलनसार, नये-नये मित्र बनाने में कुशल, व्यवहारशील एवं नीति के अनुसार कार्य करने में कुशल होते हैं।

ऐसे जातकों का संगीत, कला, नाट्य की ओर विशेष झुकाव होता है। चन्द्र-शुक्र शुभ हों, तो मानसिक एवं कल्पनाशक्ति बेहद प्रबल होती है।

ऐसे जातक मध्यस्थता एवं न्याय करने में कुशल होते हैं। विपरीत योनि के प्रति इनका विशेष झुकाव होता है। हीरा रत्न इनके लिए शुभ होता है।

इनका भाग्य उदय 25, 27, 32, 33, 35, एवं 47 वें वर्ष में होता है।

वृश्चिक (Scorpio)

वृश्चिक राशि का स्वामी मंगल है। इस राशि में जन्म लेने वाले जातक सुन्दर मुख वाले, परिश्रमी तथा अपने सामर्थ्य पर भरोसा करने वाले होते हैं। यदि मंगल शुभ हो, तो ऐसे जातक उत्साही, उदार, परिश्रमी, साहसी, ईमानदार, स्पष्टवादी, परोपकारी, व्यवहारकुशल, कर्तव्यनिष्ठ, दृढ़ संकल्प वाले होते हैं।

भाई-बहनों अथवा अपने सगे-सम्बन्धियों से ऐसे जातकों को सहायता कम ही मिलती है। ये अपने बल पर अपने सभी कार्यों में सफलता हासिल करते हैं। कोई भी बात इनके विरुद्ध हो, तो इन्हें गुस्सा आ जाता है, मगर ऐसे जातक सच्चाई जानने के बाद माफ़ी माँगने से पीछे नहीं हटते।

ऐसे जातक दूसरों की सहायता के लिए हमेशा आगे आते हैं। ये जिस कार्य को करने का प्रण कर लेते हैं, फिर उसे करके ही चैन से बैठते हैं।

ऐसे जातक इंजीनियर, वकील, पुलिस, सेना विभाग, अध्यापन, ज्योतिष तथा अनुसन्धान के क्षेत्र में विशेष सफलता हासिल करते हैं। इनके लिए शुभ नग मूँगा होता है।

इनका भाग्य उदय, 24, 28, 32, 36 तथा 44 वें साल में होता है।

धनु (Sagittarius)

धनु राशि का स्वामी गुरु है। इस राशि में जन्म लेने वाले जातक का मस्तक ऊँचा, कान बड़े, लग्न भाव में क्रूर ग्रह होने पर सिर मध्म अल्पबाल अथवा गंजा हो सकता है। गुरु-बुध की स्थिति शुभ होने पर ऐसे जातक सौम्य एवं शान्त, सरल स्वभाव, धार्मिक प्रवृत्ति, उदार हृदय, परोपकारी, संवेदनशील, करुणा-दया आदि भावनाओं से युक्त होते हैं।

दूसरों के मनोभाव जानने में ऐसे जातकों को विशेष महारत हासिल होता है। चूँकि धनु राशि द्विस्वभाव होती है, इसी वजह से ऐसे जातक कोई भी निर्णय शीघ्रता से नहीं ले पाते। इन्हें गुस्सा भी बेहद जल्द आता है। अग्नितत्त्व प्रधान होने के कारण ऐसे जातक कठिन से कठिन परिस्थितियों में भी अपना धैर्य नहीं खोते। अपने परिश्रम के बल पर ये मनचाही सफलता हासिल करके ही चैन से बैठते हैं।

ऐसे जातक शिक्षक, धर्म-प्रचारक, राजनीतिज्ञ, वैद्य-डाक्टर, वकील, पुस्तक व्यवसाय आदि क्षेत्रों में सफलता हासिल करते हैं। इनके लिए शुभ रत्न पुखराज है।

इनका भाग्य उदय 23, 27, 32 एवं 36 वें वर्ष में होता है।

मकर (Capricorn)

मकर राशि का स्वामी शनि है। इस राशि में जन्म लेने वाले जातक का कद मध्यम, नयन-नक्श तीखे, मुखाकृति सुन्दर तथा बाल काले तथा घने होते हैं।

ऐसे जातक गम्भीर, भावुक, संवेदनशील, उच्चाभिलाषी, सेवाधर्मी, मननशील, एवं धार्मिक प्रवृत्ति के होते हैं।

गुरु-शनि शुभ हों, तो ऐसे जातक नरम स्वभाव वाले, विनयशील, व्यवहार-कुशल, नीति के अनुकूल आचरण करने वाले, तर्कशील, अच्छे-बुरे की पहचान करने वाले, विश्वसनीय तथा ईमानदार होते हैं। इनके लिए शुभ रत्न नीलम है।

ऐसे जातकों के लिए न्याय-सम्बन्धी कार्य, वकील, जज, वैज्ञानिक, खेल-कूद, तेल का व्यवसाय, कोयला, खनिज, लकड़ी, चमड़ा, लोहा ज्योतिष व शिक्षण जैसे व्यवसाय लाभप्रद होते हैं।

ऐसे जातकों का भाग्य उदय 22, 24, 28, 32 एवं 46 वें साल में होता है।

कुम्भ (Aquarius)

कुम्भ राशि का स्वामी ग्रह 'शनि' है। यदि शनि शुभ हो, तो जातक मध्यम या ऊँचे कद का प्रभावशाली व्यक्तित्व का स्वामी होता है। ऐसे जातक बुद्धिमान, साधन-सम्पन्न, गम्भीर प्रवृत्ति, तीव्र स्मरण-शक्ति, परोपकारी, व्यवहार-कुशल, मिलनसार, स्पष्टवादी, निस्वार्थ भाव से दूसरों की सेवा करने वाले, स्वाभिमानी, उद्योगी, कठिन परिस्थितियों का डटकर सामना करने वाले होते हैं।

कुम्भ लग्न में यदि गुरु ग्रह मित्र, क्षेत्री या शुभ हो, तो जातक उच्चाधिकारी, उच्चपदासीन, प्रोफेसर, जज, वकील एवं धनी व्यापारी होता है। कुम्भ राशि के जातकों के लिए नीलम रत्न शुभ है। इसे किसी योग्य ज्योतिषी की सलाह पर ही धारण करें।

ऐसे जातकों का भाग्य उदय 22, 24, 28, 32 एवं 46 वें साल में होता है।

मीन (Pisces)

मीन राशि का स्वामी ग्रह गुरु है। मीन राशि में जन्म लेने वाले जातक बुद्धिमान, गम्भीर एवं सौम्य प्रकृति, परोपकारी, ईमानदार, सत्यप्रिय, धार्मिक, दार्शनिक, साहित्य एवं गूढ़ विद्याओं की ओर विशेष रुचि रखने वाले होते हैं।

ऐसे जातक उच्चाभिलाषी, उच्चाकांक्षी, स्वाभिमानी, अपनी मान-मर्यादा एवं प्रतिष्ठा का विशेष ध्यान रखने वाले होते हैं।

ऐसे जातक दूसरों पर न तो अन्याय करते हैं और न ही अन्याय सहन करते हैं।

ऐसे जातक कलाकार, फ़िल्म, खाने-पीने की वस्तुओं, समाज-सुधारक एवं अध्यापन-सम्बन्धी कार्यों में सफल होते हैं। इनका शुभ रत्न पुखराज है।

इनका भाग्य उदय 24, 28, 33, 38 तथा 45 वर्ष में होता है।

❈ ✺ ❈

४

नाम के पहले अक्षर का महत्त्व

किसी व्यक्ति का नाम उसके लिए बहुत महत्त्वपूर्ण होता है। नाम के अक्षरों से व्यक्ति के सामान्य गुणों, प्रकृति तथा स्वभाव आदि के बारे में काफ़ी कुछ जाना जा सकता है। नाम के पहले अक्षरों से राशि जानकर उसके बारे में भविष्यवाणी करना न केवल भारत, बल्कि विदेशों में भी काफ़ी प्रचलित है।

प्रथम अक्षर A

अँग्रेज़ी वर्णमाला का यह पहला अक्षर है। अंक विज्ञान के अन्तर्गत इसे 1 अंक प्राप्त है। इसके प्रभाव से आप काफ़ी उत्साही, स्वतन्त्र विचारधारा वाले तथा सद्गुणी हैं। आप भावनाओं को काफ़ी महत्त्व देते हैं, इसी वजह से आपकी किसी से मित्रता सहज ही हो जाती है। आपके विचार रचनात्मक होते हैं विध्वंसात्मक नहीं।

आपकी प्रवृत्ति रचनात्मक है। किसी भी बात को समझने की आपमें तीव्र शक्ति है। आप अपनी बात पर अडिग रहते हैं। यदि दूसरा व्यक्ति आपको साफ़ और स्पष्ट ढंग से अपनी बात समझाने का प्रयास करता है, तो आप उसे जल्दी समझ लेते हैं। आप काफ़ी साहसी और निर्भीक हैं। दूसरों को अपनी ओर आकर्षित करने की आपमें अपार क्षमता है। आप अपने मित्रों व सम्बन्धियों को बहुत महत्त्व देते हैं तथा उनके दु:ख में अवश्य सम्मिलित होते हैं। आप जो भी कार्य करते हैं, उसमें चोटी तक पहुँचने का प्रयास करते हैं। अपने जीवन में आपको काफ़ी सफलताएँ प्राप्त होती हैं।

प्रथम अक्षर B

अँग्रेज़ी वर्णमाला का यह दूसरा अक्षर है। अंक विज्ञान के अन्तर्गत इसे 2 अंक प्राप्त है। इस अक्षर के प्रभाव से आप काफ़ी संकोची व अन्तर्मुखी हैं। आप सोचते ज़्यादा है और बातें कम करते हैं। शान्ति से रहना व दूसरों का सम्मान करना आपके मौलिक गुण हैं। आप अपने काम को बहुत महत्त्व देते हैं तथा हमेशा व्यस्त रहने का प्रयास करते हैं।

संकोची स्वभाव का होने से आपकी मित्रता बहुत कम लोगों से होती है। आप शीघ्रता से किसी पर विश्वास नहीं करते। आप प्राय: बहुत अधिक लोगों से मिलने अथवा अपनी जान-पहचान बढ़ाने का प्रयास नहीं करते। अपने सम्पर्कों के माध्यम से उठाये जा सकने वाले लाभ भी लेना आप पसन्द नहीं करते। वैज्ञानिक विषयों तथा अनुसन्धान सम्बन्धी कार्यों में आपकी विशेष रुचि होती है। आप अपने दिल

की बात किसी को नहीं बताते। प्रायः आपके अधिकांश कार्यों का लाभ दूसरे व्यक्ति उठाते हैं। समूह में काम करके आप प्रसन्न रहते हैं।

प्रथम अक्षर C

अँग्रेज़ी वर्णमाला का यह तीसरा अक्षर है। अंक विज्ञान में इसे 3 अंक प्राप्त है। इस अक्षर के प्रभाव के कारण आप काफ़ी दृढ़ निश्चयी तथा स्थिर बुद्धि वाले व्यक्ति हैं। अगर आपको किसी भी काम की धुन लग जाती है, तो आप उसे पूरा करके ही दम लेते हैं। आपकी बात पत्थर की लकीर होती है। आप अपनी कही किसी बात से नहीं मुकरते।

आपका मस्तिष्क निरन्तर क्रियाशील रहता है और कुछ न कुछ योजनाएँ बनाता रहते हैं। चूँकि आप दूरदर्शी भी होते हैं, इसलिए आपकी योजनाएँ सोलह आने सही उतरती हैं। दूसरों को अपनी बात समझाने की आपमें अद्‌भुत क्षमता है।

प्रथम अक्षर D

अँग्रेज़ी वर्णमाला का यह चौथा अक्षर है। अंक विज्ञान के अन्तर्गत इसकी संख्या 4 है। इसके प्रभाव से आप जिस कार्य में हाथ डालते हैं, उसे सफल और पूरा करके ही छोड़ते हैं। विपरीत परिस्थितियों एवं बाधाओं के आ जाने पर भी आप ज़रा भी विचलित नहीं होते है। अपने लक्ष्य की ओर निरन्तर बढ़ते रहना आपका सर्वश्रेष्ठ गुण है।

बहुधा आप कम बोलते हैं, परन्तु जो भी बोलते हैं, वह काफ़ी प्रभावशाली होता है। आपकी बातों में पूर्ण आत्मविश्वास होता है। अपने मान-सम्मान और प्रतिष्ठा के प्रति आप काफ़ी सजग रहते हैं। आप न तो किसी के सम्मान को ठेस पहुँचाते हैं और न ही अपने स्वाभिमान पर ठेस पहुँचने देते हैं। अपने सगे-सम्बन्धियों तथा छोटे भाई-बहनों से आप बेहद स्नेह रखते हैं। उनके लाभ के लिए आप अपने हितों का त्याग बड़ी सरलता से कर देते हैं।

प्रथम अक्षर E

अँग्रेज़ी वर्णमाला का यह पाँचवाँ अक्षर है। अंक विज्ञान के अन्तर्गत इसे 6 अंक का दर्जा प्राप्त है। इसके प्रभाव के कारण आप काफ़ी स्वतन्त्र विचारधारा के व्यक्ति हैं। अपनी स्वतन्त्रता के साथ-साथ आप दूसरों की स्वतन्त्रता के पक्षधर हैं। गोपनीयता जैसी आपमें कोई बात नहीं। आपके सामने चाहे कितना ही ऊँचा और प्रतिष्ठित व्यक्ति खड़ा हो, बेलाग व दो टूक बात कह देना आपका स्वभाव है। आप सच बोलने में यक़ीन रखते हैं। आप न तो अपना काम सिफ़ारिश से करवाते हैं और न ही दूसरों के दबाव में आते हैं। आप व्यवसाय में अधिक सफल नहीं हो पाते, क्योंकि आप अपने गोपनीय रहस्यों को प्रकट कर देते हैं।

अपने कार्य आप पूरी योजना से करते हैं। अपने कार्य में आप नयी-नयी तकनीकें अपनाने से नहीं चूकते। पूरी लगन और तन्मयता से कार्य करने की वजह से आपको ज़्यादतर सफलताएँ मिलती हैं। साझेदारी के व्यवसाय में आपको कुछ

कड़वे अनुभव प्राप्त होते हैं। अपने वैवाहिक-जीवन में भी आपको क़दम-क़दम पर समझौता करना पड़ता है। समाज में आपको काफ़ी मान-सम्मान प्राप्त होता है।

प्रथम अक्षर F

अँग्रेज़ी वर्णमाला का यह छठा अक्षर है। अंक विज्ञान के अन्तर्गत इसकी संख्या 8 है। इसके प्रभाव के कारण आप अपने घर की ओर पूरा ध्यान देते हैं, परिवार को सुचारु रूप से चलाना आप अपना नैतिक कर्तव्य मानते हैं। आप अपने मित्रों व पारिवारिक सदस्यों को हमेशा खुश रखने की कोशिश करते हैं।

अनैतिकता के लिए आपके जीवन में कोई स्थान नहीं। आप प्रेम, सच्चाई, मधुरता, परोपकार आदि जीवन-मूल्यों को हमेशा श्रेष्ठ स्थान देते हैं। आप काफ़ी दयावान हैं। आप अपने सहयोगी व अधीनस्थ कर्मचारियों की सभी आवश्यकताओं को पूरा करने का प्रयास करते हैं।

प्रथम अक्षर G

अँग्रेज़ी वर्णमाला का यह सातवाँ अक्षर है। अंक विज्ञान के अन्तर्गत इसकी संख्या 3 है। इस अंक से प्रभावित होने के कारण सादगी, सच्चाई, ईमानदारी और शिष्टता आपके जीवन के महत्त्वपूर्ण अंग हैं। आपके व्यक्तित्व में कुछ ऐसा आकर्षण है कि लोग आपकी तरफ़ खिंचे चले आते हैं। आप अपने सारे कार्य योजनाबद्ध तरीक़े से करते हैं। किसी भी कार्य से पहले आपके दिमाग़ में पूरी योजना बैठ जाती है, उसके बाद आप उस पर अमल करते हैं।

आप दृढ़ निश्चयी हैं और धन अर्जित करने में काफ़ी दक्ष हैं। जीवन में प्रगति करने के आपको कई मौक़े मिलते हैं तथा आप उनका पूरा लाभ उठाते हैं। नैतिक मूल्यों को आप अधिक बल देते हैं। अपने से बड़ों का सम्मान करना आपकी विशिष्ट विशेषता है।

प्रथम अक्षर H

अँग्रेज़ी वर्णमाला का यह आठवाँ अक्षर है। अंक विज्ञान के अन्तर्गत इसकी संख्या 5 है। इस अंक से प्रभावित होने के कारण आप काफ़ी महत्त्वाकांक्षी, समझदार तथा बुद्धिमान हैं। प्रदर्शनप्रिय होने के साथ-साथ आपमें ऊँचे उठने की महत्त्वाकांक्षा भी प्रबल होती है। आप अपने सभी कार्य पूरे मन से करते हैं। यदि आप व्यस्त न भी हों, तो व्यस्त होने का दिखावा करते हैं।

जीवन की वास्तविकताओं को आप अच्छी तरह से जानते हैं। आप जो ठान लेते हैं, उसे पूरा करके ही दम लेते हैं। आप सबकी बात सुनते हैं, लेकिन करते अपने मन की हैं। आपकी सफलता का एक कारण यह भी है। जब कभी आपको अपने कार्य के प्रति शंका होती है अथवा उसे पूरा करने में आपके मन में सन्देह होता है, तो आपका वह कार्य पूरा नहीं होता। आपके लिए आशावादी होने परम आवश्यक है। सामाजिक दृष्टि से आप सफल एवं उन्नतिशील कहे जाते हैं।

प्रथम अक्षर I

अँग्रेज़ी वर्णमाला का यह नौवाँ अक्षर है। अंक विज्ञान के अन्तर्गत इसे 1 अंक प्राप्त है। इसके प्रभाव के कारण आप काफ़ी फुर्तीले तथा मेहनती हैं। कलात्मक वस्तुओं का आपको काफ़ी शौक़ है। आप स्वयं एक अच्छे कलाकार है। आप सभ्य, सुसंस्कृत, भावुक तथा ईमानदार व्यक्ति है।

हर समय हर कार्य में तत्परता आपके जीवन का विशेष गुण है। न तो आलस्य आपके पास फटकता है और न ही आप अपने मातहतों को आलसी देख सकते हैं। आपका ज्ञान काफ़ी गहरा होता है। आप प्रत्येक विषय को पूरा-पूरा समझने का प्रयास करते हैं। आपकी प्रत्येक बात में वज़न होता है। आप एक कुशल वक्ता हैं। प्रायः काफ़ी सोच-समझकर और गम्भीर वाणी बोलते हैं। आपके परिवार तथा जान-पहचान के लोग आपकी भावनाओं की क़द्र करते हैं।

प्रथम अक्षर J

अँग्रेज़ी वर्णमाला का यह दसवाँ अक्षर है। अंक विज्ञान के अन्तर्गत इसकी संख्या 1 है। इसके प्रभाव के कारण आप काफ़ी स्वतन्त्र विचारधारा के हैं। आप न्यायप्रिय, ईमानदार तथा मेहनती है। मौलिकता आपके जीवन की विशेषता है। संसार में होने वाली घटनाओं का तमाम ज्ञान रखते हैं। आपसे बातचीत करते समय ऐसा प्रतीत होता है मानो ज्ञान के सागर में डुबकियाँ लगा रहे हैं। छोटी-छोटी बातों पर ज़रा भी ध्यान नहीं देते। समाज के निम्न वर्ग की सहायता करना अथवा अपने से निचले स्तर के लोगों का पूरा सहयोग करना आपकी ख़ास विशेषता है। आपको अपने दाम्पत्य-जीवन में प्रायः कठिनाइयों का सामना पड़ता है।

आप खरी बात कहने में यक़ीन रखते हैं, इसी वजह से कई लोग आपके क़रीब नहीं आते। आपकी मानसिक स्थिति इस प्रकार की होती है कि स्वार्थ की भावना प्रायः सबसे पीछे होती है।

प्रथम अक्षर K

अँग्रेज़ी वर्णमाला का यह ग्यारहवाँ अक्षर है। अंक विज्ञान में इसे 2 का दर्जा प्राप्त है। आप पूरी तरह से संघर्षशील कहे जा सकते हैं। आपके जीवन में जितने उतार-चढ़ाव आते हैं, उतने किसी और के जीवन में नहीं आते। आप सृजनात्मक शक्ति वाले व्यक्ति हैं। जीवन के शुरुआती दौर में आपको काफ़ी संघर्ष करना पड़ता है, जिसका फल आपको काफ़ी देर बाद मिलता है।

आपके जीवन में आकस्मिक घटनाएँ विशेष रूप से घटती रहती हैं। एक दिन सर्वोच्च चोटी पर हैं, तो दूसरे ही दिन आपको खड्ड में गिरे हुए भी देखा जा सकता है। आप निराशावादी व्यक्ति हैं। किसी भी कार्य के अँधेरे पक्ष को आप पहले देखते हैं। साझेदारी का व्यवसाय आपके लिए अधिक उपयुक्त नहीं होता। चूँकि

आप भावुक क़िस्म के होते हैं, इसलिए दाम्पत्य-जीवन में आपको कई कठिनाइयों का सामना करना पड़ता है।

प्रथम अक्षर L

अँग्रेज़ी वर्णमाला का यह बारहवाँ अक्षर है। अंक विज्ञान में इसकी संख्या 3 होती है। इसके प्रभाव से आप दार्शनिक व भावुक प्रवृत्ति के व्यक्ति हैं। विचारों से आप सुलझे हुए तथा आपके कार्य श्रेष्ठ सिद्ध होते हैं। आपके सारे काम योजनाबद्ध होते हैं। आप काफ़ी बुद्धिमान हैं। दूसरों की बात को ध्यान से सुनना व समझना तथा अन्त में अपने कार्य करना आपके चरित्र की विशेषता है। आपका व्यक्तित्व अन्तर्मुखी है। आप लोगों से जल्दी घुलमिल नहीं पाते।

अपने कार्यों, विचारों तथा गुणों से आप उच्चतर एवं उत्तम पद पर जा पहुँचते हैं, इसमें कोई सन्देह नहीं।

प्रथम अक्षर M

अँग्रेज़ी वर्णमाला का यह तेरहवाँ अक्षर है। अंक विज्ञान के अन्तर्गत आपको 4 अंक प्राप्त है। इससे प्रभावित होने के कारण आप सादगी पसन्द, सदाचारी तथा बहिर्मुखी हैं। कभी-कभी आप जीवन की विकट परिस्थितियों से काफ़ी घबरा जाते हैं और विद्रोह करने के बारे में सोचते हैं। आपकी सादगी आपके लिए एक अभिशाप है। विचारों से पवित्र होने के कारण आप दूसरों से खरी-खरी बात कहने में नहीं चूकते।

आपके परिवारजन को आपसे यही शिकायत रहती है कि वे आपकी भावनाओं को नहीं समझते। अपने जीवन में आपको बहुत उतार-चढ़ाव देखने पड़ते हैं। गोपनीय बनने का आप प्रयत्न करते हैं, पर यही निभता नहीं। आपके व्यक्तित्व के चारों ओर रहस्य का एक पर्दा-सा पड़ा रहता है।

आपको लेकर अकसर लोग भ्रम की स्थिति में आ जाते हैं। यदि आप ग़रीब भी होते हैं, तो भी लोग आपको धनवान होने का भ्रम पाले रहते हैं।

प्रथम अक्षर N

अँग्रेज़ी वर्णमाला का यह चौदहवाँ अक्षर है। अंक विज्ञान के अन्तर्गत आपको अंक 5 का दर्जा प्राप्त है। इससे प्रभावित होने के कारण आपका जीवन काफ़ी संघर्षशील होता है। आपको जीवन में बार-बार रुकावटों का सामना करना पड़ता है। ऐसा लगता है कि आपके ज़्यादातर कार्य बिना विघ्न-बाधाओं के पूरे नहीं होते। विपरीत परिस्थतियों में आप ज़रा भी नहीं घबराते। आपमें साहस कूट-कूटकर भरा है।

आपका व्यक्तित्व कुछ ऐसा है कि आप अपरिचित से अपरिचित व्यक्ति को अपना मित्र बना लेते हैं और जिनसे एक बार आपकी दोस्ती कायम हो जाती है, उससे उम्र भर का सम्बन्ध निभाते हैं। आप अपनी सारी ज़िम्मेदारियाँ अच्छी तरह से निभाते हैं।

सादगीपूर्ण सरल जीवन, विचारों में श्रेष्ठता, सहयोग एवं सम्मान आपके विशिष्ट गुण कहे जा सकते हैं।

प्रथम अक्षर O

अँग्रेज़ी वर्णमाला का यह पन्द्रहवाँ अक्षर है। अंक विज्ञान के अन्तर्गत आपकी संख्या 7 है। इसके प्रभाव से आपकी प्रवृत्ति धार्मिक तथा चरित्र उच्च है। आप काफ़ी साहसी हैं तथा विभिन्न योजनाओं को अपनी ज़िम्मेदारी से पूर्ण करने का संकल्प सहजता से लेते हैं। अपनी निरन्तर तथा अथक मेहनत के कारण आप अधिकांश योजनाओं को पूरा करने में सफल होते हैं। यदि आपको असफलता भी मिलती है, तो भी आप हिम्मत नहीं हारते और पूरे मन से कार्य करके सफलता प्राप्त करते हैं।

आपके मित्रों की संख्या काफ़ी होती है, परन्तु आपके शत्रु या विरोधी भी कम नहीं होते। आपकी महत्त्वाकांक्षाएँ उच्च होती है तथा जल्द-से-जल्द ऊपर उठने की भावना भी आपमें विशेष रूप से पायी जाती हैं। आपके जीवन का उत्तरार्द्ध अपेक्षाकृत सुखी एवं सम्पन्न होता है।

प्रथम अक्षर P

अँग्रेज़ी वर्णमाला का यह सोलहवाँ अक्षर है। अंक विज्ञान के अन्तर्गत इसकी संख्या 8 होती है। इससे प्रभावित होने के कारण आप काफ़ी अन्तर्मुखी तथा शान्त होते है। आप चाहे कितनी भी कठिन परिस्थितियों में से गुज़र रहे हों, अपने चेहरे पर मुस्कराहट बनाये रखने में आप माहिर हैं।

आप अपने जीवन के अनेक रहस्यों को अपने भीतर छिपाकर चलने में सिद्धहस्त हैं। ऊपर से शान्त बने रहना तथा सभी के दुःख-सुख में शरीक़ होने वाले आप जैसे व्यक्ति ही जीवन की श्रेष्ठता का प्रतिनिधित्व करते हैं। आपके विचार पूरी तरह से साफ़ होते हैं और आप किसी की निन्दा सुनना पसन्द नहीं करते। अन्दर से साफ़ तथा बाहर से मधुर, यही आपके व्यक्तित्व की विशेषता है। स्वयं को नुक़सान पहुँचाकर भी आप अपने मित्रों की सहायता करते हैं। कोलाहल से दूर, शान्त वातावरण में आपका जी रमता है। वास्तव में आप समाज के वास्तविक आभूषण कहलाने में समर्थ होते हैं।

प्रथम अक्षर Q

अँग्रेज़ी वर्णमाला का यह सत्रहवाँ अक्षर है। अंक विज्ञान में इसकी संख्या 1 है। इससे प्रभावित होने के कारण आप काफ़ी बातूनी तथा सत्यवादी हैं। आप जीवन की एक निश्चित राह को अपना लेते हैं तथा उसमें किसी दूसरे की दख़लअन्दाज़ी पसन्द नहीं करते। कोई भी निर्णय लेने में आप माहिर हैं। आप अपने विचार दूसरों पर नहीं थोपते।

आप ऊँचा-से-ऊँचा ओहदा प्राप्त कर लें, फिर भी आपमें घमण्ड नहीं आता। आप अपनी ज़िम्मेदारियों को बड़ी दक्षता से निभाते हैं। अपने कर्मचारियों से काम करवाने में आप सिद्धहस्त हैं। आपका व्यवहार दयालुतापूर्ण तथा नरम होता है।

किसी भी स्तर के व्यक्ति के साथ आप बड़ी शीघ्रता से घुलमिल जाते हैं। अपने जीवनसाथी के प्रति आपका रवैया काफ़ी समझौतापूर्ण होता है। आप दूसरों को दोष देने के बजाय उनके गुणों को महत्त्व देते हैं।

प्रथम अक्षर R

अँग्रेज़ी वर्णमाला का यह अठारहवाँ अक्षर है तथा अंक विज्ञान में इसे संख्या 2 का दर्जा प्राप्त है। इससे प्रभावित होने के कारण आपका व्यक्तित्व प्रभावशाली तथा स्वभाव नरम है। आपका रंग-रूप तथा बातचीत करने का तरीक़ा काफ़ी आकर्षक है। जनसम्पर्क के कार्यों में आप काफ़ी सफल होते हैं। राजनीतिक सम्पर्कों तथा उच्च अधिकारियों के माध्यम से अपने कार्य निकालने, करवाने में पूरी तरह से सक्षम हैं।

अनजान व्यक्तियों को अपना परिचित बना लेना आपके बायें हाथ का खेल है। वास्तव में आप गुणग्राहक हैं। किस व्यक्ति में क्या गुण हैं, आप उसे ग्रहण कर लेते हैं। समाज में आपकी प्रतिष्ठा होती है तथा जीवन ज्यों-ज्यों आगे बढ़ता है, आपको सम्मान, पद, प्रतिष्ठा तथा पैसा अधिकाधिक मिलता जाता है। प्रौढ़ावस्था में आप प्रायः अधिक सुखी होते हैं।

प्रथम अक्षर S

अँग्रेज़ी वर्णमाला का यह उन्नीसवाँ अक्षर है। अंक विज्ञान के अन्तर्गत आपका अंक 3 है। इसके प्रभाव के कारण आप काफ़ी हँसमुख, मिलनसार तथा बहिर्मुखी व्यक्तित्व वाले व्यक्ति हैं। जनसम्पर्क के कार्यों मे आपकी विशेष रूप से रुचि होती है। विभिन्न समारोहों, प्रदर्शनों तथा उत्सवों के अवसर आप हमेशा आगे रहते हैं।

अपने अफ़सर अथवा स्वामी के प्रति आप पूरी तरह से समर्पित होते हैं तथा अपने कार्यों से आप उन्हें अपने प्रति आकर्षित भी कर लेते हैं।

आप निर्णय लेने में थोड़े कमज़ोर हैं। यह कार्य मुझसे होगा या नहीं, इसी ऊहापोह में पड़कर दूसरों से राय लेते हैं और अकसर उन्हीं की सलाह पर अमल करते हैं। इस वजह से आप कई बार नुक़सान भी उठाते हैं।

प्रथम अक्षर T

अँग्रेज़ी वर्णमाला का यह बीसवाँ अक्षर है। अंक विज्ञान के अन्तर्गत इसकी संख्या 4 है। इसके प्रभाव से आप न्यायप्रिय तथा संयमपूर्ण व्यक्ति हैं। अपनी योग्यता और कार्यशैली पर आपको पूर्ण विश्वास होता है। आप अपने लक्ष्यों को निर्धारित करके धीरे-धीरे उनकी ओर आगे बढ़ते हैं। अपने जीवन में प्रगति करने के लिए आप कोई ग़लत तरीक़ा इस्तेमाल नहीं करते। अपनी कार्यक्षमता तथा विवेक के बल पर ही आप प्रगति करना चाहते हैं। आपकी मेहनत से आपको जो भी परिणाम प्राप्त होता है, उससे आप सन्तुष्ट रहते हैं।

आपको अपने आप पर पूरा भरोसा रहता है तथा स्वतन्त्र निर्णय लेने में आप

माहिर हैं। दबकर या किसी के दबाव में आकर अपना मत नहीं बदलते। एक बार आप जो ठान लेते हैं, उसी पर अमल करते हैं।

अपने मित्रों तथा जान-पहचान के लोगों में आप बेहद लोकप्रिय होते हैं तथा अपनी प्रसन्नता में सबको भागीदार बनाते हैं।

प्रथम अक्षर U

अँग्रेज़ी वर्णमाला का यह इक्कीसवाँ अक्षर है। अंक विज्ञान के अन्तर्गत इसकी संख्या 6 है। इससे प्रभावित होने के कारण आपका व्यक्तित्व काफ़ी परिपक्व व सुलझा हुआ है। आप स्पष्टवादी हैं तथा हमेशा सत्य का पक्ष लेते हैं। अपने वर्तमान को बेहतर बनाने के लिए आप प्रयत्नशील रहते हैं, जबकि भविष्य के प्रति आप अधिक चिन्ता नहीं करते। भविष्य के लिए आप ज़्यादा योजनाएँ भी नहीं बनाते।

अपने जीवन में आप काफ़ी धन कमाते हैं। अपने सम्पर्कों के माध्यम से अपने कार्यों को पूरा करवाने की कला में आप माहिर हैं। काफ़ी धन संग्रह करने के बावजूद आपको सन्तुष्टि प्राप्त नहीं होती। आप कुछ ऐसी योजनाओं में धन लगाते हैं, जहाँ से वह कभी वापस नहीं लौटता। हालाँकि ऐसी परिस्थितियों के बारे में आपको पहले से ही आभास हो जाता है, तो भी आप स्वयं को इनसे बचा नहीं पाते। धन का नाश होने पर अधिक चिन्ता करना आपकी आदत नहीं है।

आपका व्यक्तित्व काफ़ी आकर्षक है। अपनी वाणी के प्रभाव से आप दूसरों को अपनी ओर सहज ही आकर्षित कर लेते हैं।

प्रथम अक्षर V

अँग्रेज़ी वर्णमाला का यह बाइसवाँ अक्षर है। अंक विज्ञान के अन्तर्गत इसकी संख्या 6 है। इसके प्रभाव के कारण आप काफ़ी कल्पनाशील, उदार तथा संयमी व्यक्ति हैं। आप काफ़ी बड़ी-बड़ी योजनाएँ बनाने तथा उन्हें योजनाबद्ध तरीक़े से पूरा करने में माहिर हैं। किसी भी बात को समझकर उसकी तह तक पहुँचने में आप काफ़ी कुशल हैं।

आप दूसरों का सम्मान करना जानते हैं और स्वयं भी यह चाहते हैं कि लोग आपका सम्मान करें, आपको आदर दें।

प्रथम अक्षर W

अँग्रेज़ी वर्णमाला का यह तेईसवाँ अक्षर है। अंक विज्ञान के अन्तर्गत इसकी संख्या 6 है। इसके प्रभाव के कारण आप काफ़ी साहसी तथा बहादुर व्यक्ति हैं। रोमांचपूर्ण कार्य करने में आपको विशेष आनन्द की प्राप्ति होती है। आप काफ़ी दृढ़निश्चयी हैं। जिस योजना अथवा कार्य में आपका विश्वास होता है, उसे आप अपनी पूरी लगन से करते हैं और उसमें सफल भी रहते हैं।

आपके शरीर के अंग-प्रत्यंग में फुर्ती भरी रहती है, आलस्य आपको छूता तक नहीं है। कई बार आप मुश्किल से मुश्किल दिखायी देने वाला कार्य भी सम्पन्न करके दिखा देते हैं, जिसकी वजह से आप काफ़ी लोकप्रिय भी होते हैं।

प्रथम अक्षर X

अँग्रेज़ी वर्णमाला का यह चौबीसवाँ अक्षर है। अंक विज्ञान के अन्तर्गत इसकी संख्या 5 है। इससे प्रभावित होने के कारण आपके स्वभाव में बहुत अधिक ज़िम्मेदारी नहीं है। आपकी महत्त्वाकाक्षांएँ भी ज़्यादा नहीं होती। घूमना आपको बेहद पसन्द है। नये-नये स्थानों की यात्रा तथा तात्कालिक मैत्री स्थापित करना आपको अच्छा लगता है। अपने जीवनसाथी पर आप ज़्यादातर कार्यों में निर्भर रहते हैं।

आप लापरवाह क़िस्म के होते हैं। स्वयं ही जाल बुनते हैं और स्वयं ही उसमें उलझते भी हैं। अपनी झूठी शेखी बघारना, गप्पे हाँकना एवं बढ़-चढ़कर प्रदर्शन करना आपका प्रिय विषय है।

प्रथम अक्षर Y

अँग्रेज़ी वर्णमाला का यह पच्चीसवाँ अक्षर है। अंक विज्ञान के अन्तर्गत इसकी संख्या 1 है। इससे प्रभावित होने के कारण आपके व्यक्तित्व में निरालापन है। व्यक्तिगत स्वतन्त्रता के आप प्रेमी हैं। आप किसी भी क़िस्म के बन्धन में बँधना नहीं चाहते हैं और न ही दूसरों को किसी कार्य के लिए मजबूर करते हैं। 'जियो और जीने दो' आपका मूल मन्त्र है।

अपने व्यक्तिगत जीवन में आप सही निर्णय लेने में काफ़ी समय ज़ाया करते हैं। आपके निर्णयों पर आपके पारिवारिक जनों अथवा जीवनसाथी का अधिक प्रभाव होता है। बात करने की आपकी विशिष्ट की शैली है।

प्रथम अक्षर Z

अँग्रेज़ी वर्णमाला का यह छब्बीसवाँ तथा अन्तिम अक्षर है। अंक विज्ञान के अन्तर्गत इसकी संख्या 7 है। इसके प्रभाव से आप काफ़ी साहसी, वीर तथा कूटनीतिज्ञ हैं। अपने महत्त्वपूर्ण कार्यों को केसे करना है, इसकी योजना आप पहले से ही बना लेते हैं और सफल होकर दिखाते हैं।

आपकी आकांक्षाएँ काफ़ी उच्च होती हैं। आप आशावादी हैं और जीवन के उज्ज्वल पक्ष को अधिक महत्त्व देते हैं। आपकी बुद्धि काफ़ी तेज़ है और किसी भी बात अथवा प्रश्न का उत्तर तुरन्त देने की आप क्षमता रखते हैं।

५

आपका नाम आपके लिए शुभ है या अशुभ (नामांक)?

प्रिय पाठको! पिछले अध्यायों के अध्ययन में आप अच्छी तरह से जान गये होंगे कि किसी व्यक्ति की जन्मतिथि से 'मूलांक' तथा जन्मतिथि में महीना व साल जोड़ने से 'भाग्यांक' प्राप्त किया जा सकता है। मूलांक व भाग्यांक को कोई भी नहीं बदल सकता, लेकिन 'नामांक' बदला जा सकता है।

नाम के अक्षरों में बदलकर कुल योग से एक अंक में परिवर्तित अंक को 'नामांक' कहा जाता है। यदि नामांक भाग्यांक के अनुकूल न हो तो ऐसे व्यक्ति अपने जीवन में ऊँचाइयों को छू नहीं पाते हैं और आजीवन संघर्ष करते रहते हैं।

हमारे देश में कुछ व्यक्ति ऐसे भी हैं, जिन्होंने नामों में थोड़ी-बहुत तबदीली करके या फिर अपने नाम बदलकर अपने भाग्यांक के अनुरूप बनाया और सफलता के ऊँचे सोपानों को छूने लगे। इन व्यक्तियों में फ़िल्म अभिनेता अक्षय कुमार (असली नाम राजीव भाटिया), राजेश खन्ना (असली नाम जतिन खन्ना), दिलीप कुमार (असली नाम युसूफ़ खां) मुंशी प्रेमचन्द (असली नाम धनपतराय) तथा प्रसिद्ध कवि नीरज (असली नाम गोपाल दास) के नाम उल्लेखनीय हैं। इन प्रसिद्ध व्यक्तियों के नाम बदलने से इनका भाग्य बदल गया। लेकिन नाम बदलने से पहले असली नाम की शुभता ज़रूर देख लेनी चाहिए। यदि व्यक्ति का प्रचलित नाम उसके भाग्यांक के अनुकूल है, तो उसे अपना नाम बदलने की कोई ज़रूरत नहीं है।

प्रत्येक व्यक्ति के जीवन में नाम का बहुत महत्त्व होता है। नाम कोई भी हो सकता है। नाम यदि एक से ज़्यादा हों, तो प्रचलित नाम, जिसको सुनकर व्यक्ति एकदम ध्यान दे कि उसे कोई पुकार रहा है, उसे ही जातक का नाम माना जायेगा।

भाग्यांक के अनुकूल नामांक को बनाने के लिए नाम के अक्षरों में कुछ अक्षर जोड़कर या घटाकर उसे भाग्यांक के अनुकूल बनाकर जीवन में समृद्धि व शुभ फल की प्राप्ति की जा सकती है।

आज के युग में अंक विज्ञान जिस रूप में प्रचलित है, वह पाश्चात्य विचारों से प्रभावित है। पाश्चात्य अंक-शास्त्रियों ने प्रत्येक अक्षर के अंक निर्धारित किये

हैं, और उसके योग से व्यक्ति के नाम की शुभता-अशुभता का पता लगाया जा सकता है।

पाश्चात्य अंक-शास्त्री 'कीरो' ने प्रत्येक अक्षर के निम्नलिखित प्रकार से अंक निर्धारित किये हैं-

अँग्रेज़ी अक्षर	हिन्दी उच्चारण	अंक
A	ए	1
B	बी	2
C	सी	3
D	डी	4
E	ई	5
F	एफ	8
G	जी	3
H	एच	5
I	आई	1
J	जे	1
K	के	2
L	एल	3
M	एम	4
N	एन	5
O	ओ	7
P	पी	8
Q	क्यू	1
R	आर	2
S	एस	3
T	टी	4
U	यू	6
V	वी	6
W	डब्ल्यू	6
X	एक्स	5
Y	वाई	1
z	ज़ेड	7

आइए एक उदाहरण से नामांकों और भाग्याकों के बारे में समझते हैं। यहाँ मैं अपनी जन्मतिथि और नामांक के बारे में आपको बताता हूँ।

मेरी जन्मतिथि 20-11-1968 है।

मेरा भाग्यांक है–

2+0+1+1+1+9+6+8=28=2+8=1

मेरा नामांक है–

A R U N   S A G A R

1+2+6+5   3+1+3+1+2=24=2+4=6

अब हम नामांकों के आगे दिये जा रहे 6 के फल के बारे में जानते हैं–

नामांक 6 का फल है–

आप दिखने में सुन्दर, आकर्षक एवं कलाप्रेमी हैं। आप मित्रता का पालन करने वाले, अतिथियों की सेवा करने वाले तथा लड़ाई-झगड़े से दूर रहने वाले व्यक्ति हैं।

मेरा भाग्यांक 1 है, जिसका फल है–

भाग्यांक-1

जिन जातकों का भाग्यांक 1 होता है, ऐसे जातक प्रबल भाग्यशाली होते हैं। नेतृत्व इनका जन्मसिद्ध अधिकार है। जीवन में इन्हें यदि प्रशासकीय पद मिल जाये, तो यह सफल प्रशासक सिद्ध होते हैं। इनके दिल में कुछ कर-गुज़रने की चाह होती है और यदि इन्हें उचित अवसर मिल जाये, तो ये करके भी दिखा सकते हैं।

धन कमाने में ये काफ़ी आगे रहते हैं। ये पैसा कमाना भी जानते हैं और उसे अच्छे तरीक़े से ख़र्च करना भी। इन्हें अपने जीवन में धन का अभाव नहीं रहता।

इनके मित्रों का दायरा काफ़ी बड़ा होता है। इनके मित्र इनके सुख-दुःख में पूरी तरह से साथ देते हैं। परन्तु ये अत्यधिक व्यस्त होने की वजह से उन्हें ज़्यादा समय नहीं दे पाते। अपने ख़ाली समय में ये अपने दोस्तों के साथ ही रहना पसन्द करते हैं, क्योंकि वास्तव में ये एकान्त में नहीं रह सकते। एकान्त इन्हें बेहद खलता है।

भाग्यांक 1 वाले जातक सफल प्रशासक भी हो सकते हैं और सफल व्यापारी भी। व्यवस्थापक, मैनेजर तथा नेतृत्व आदि क्षेत्रों में इनकी प्रतिभा पूरी तरह से उजागर होती दिखायी देती है।

मेरी प्रकृति इन दो अंकों जैसी है, इसलिए मेरा नाम मेरे लिए शुभ है। इसमें बदलाव करने की कोई ज़रूरत नहीं है।

अब हम उन अंकों के बारे में जानने का प्रयास करते हैं, जो अरुण सागर के मित्र या शत्रु हो सकते हैं।

नामांकों का आपसी सम्बन्ध

नामांक-1 के लिए शुभ, अशुभ व सम नामांक-

1. शत्रुतापूर्ण
2. ईर्ष्यालु, शत्रुतापूर्ण
3. मित्र, सहायक
4. परेशानी तथा बाधाएँ देने वाला।
5. मित्र
6. ऋणात्मक, व्यय बढ़ाने वाला।
7. मित्र
8. अत्यन्त शत्रु
9. सम (न शत्रु, न मित्र)

नामांक-2 के लिए शुभ, अशुभ व सम नामांक

1. प्रबल शत्रु
2. शुभ
3. सम, न अच्छा, न बुरा
4. मित्र
5. सहायता देने वाला
6. अनुकूल
7. प्रबल शत्रु
8. मित्र
9. शुभ फलदायक

नामांक-3 के लिए शुभ, अशुभ व सम नामांक

1. मित्र
2. शत्रु
3. व्यवधानपूर्ण
4. अतिशत्रु
5. बाधा देने वाला
6. मित्र
7. सम

8. सामान्य शुभ
9. पूर्ण सहायता देने वाला

नामांक-4 के लिए शुभ, अशुभ व सम नामांक

1. अति शत्रु
2. मित्र
3. सम
4. सहायक
5. प्रबल मित्र
6. सम
7. अतिशत्रु
8. सम
9. शत्रु

नामांक-5 के लिए शुभ, अशुभ व सम नामांक

1. मित्र
2. शुभ
3. प्रबल शत्रु
4. सम
5. प्रबल मित्र
6. सम
7. सम
8. शत्रु
9. शत्रु

नामांक-6 के लिए शुभ, अशुभ व सम नामांक

1. मित्र
2. शत्रु
3. सहायक
4. प्रबल शत्रु
5. सम
6. मित्र
7. सामान्य शुभ फलदायक

8 सम

9 सम

नामांक 7 के लिए शुभ, अशुभ व सम नामांक

1 मित्र

2 शत्रु

3 प्रबल सहायक

4 प्रबल शत्रु

5 सामान्य

6 शुभ

7 शत्रु

8 सम

9 सम

नामांक 8 के लिए शुभ, अशुभ व सम नामांक

1 कठिनाइयाँ उत्पन्न करने वाला

2 अनुकूल

3 सम

4 शत्रु

5 मित्र

6 प्रबल सहायक

7 शुभ

8 प्रबल शत्रु

9 ईर्ष्यालु

नामांक 9 के लिए शुभ, अशुभ व सम नामांक

1 मित्र

2 शुभ फलदायक

3 सहायक

4 प्रबल शत्रु

5 अनुकूल

6 सहायक

7 सहायक

8 शत्रु

9 सम

हम अब जान चुके हैं कि नामांक का अन्य नामांकों से क्या सम्बन्ध है। इसके द्वारा हम अपनी पति-पत्नी, प्रेमी-प्रेमिका, साझेदार (Partner) कम्पनी, देश, शहर, आदि के बारे में जान सकते हैं। आपको यह बात अच्छी तरह से समझ में आ जाये, इसके लिए मैं आपके सामने एक पति-पत्नी का उदाहरण रखता हूँ।

मान लीजिए कि किसी पति का नाम 'सागर' और पत्नी का नाम 'सागरिका' है। उन दोनों का आपसी सम्बन्ध केसे होंगे, हम निम्न तरीक़े से जानेंगे।

पति-सागर

S A G A R

1+1+7+1+9=19=1+9=1+0=1

पत्नी-सागरिका

S A G A R I K A

1+1+7+1+9+2+1= 22=2+2=4

यहाँ पति का नामांक 1 और पत्नी का नामांक 4 है।

नामांक 1 लिए 4 नामांक का फल 'परेशानी तथा बाधाएँ' देने वाला है।

नामांक 4 के लिए 1 नामांक 'अति शत्रु' है।

इसलिए ये पति-पत्नी एक-दूसरे के शत्रु होंगे। इनमें से किसी एक को अपने नाम में परिवर्तन करके शुभता लानी चाहिए।

इसी प्रकार आप अपनी फर्म/संस्था अपने मित्र, साझेदार तथा प्रेमिका के बारे में भी जान सकते हैं।

यहाँ मैं आपसे एक विशेष बात कहना चाहूँगा कि यदि आपकी फर्म का नाम अशुभ है, तो आप उसके नाम में थोड़ा हेर-फेर करके शुभ बना सकते है। मान लीजिए कि आपकी फर्म का नाम VIJAY ASSOCIATES जो आपकी गणना पर अशुभ जाता है, तो आप उसे VEEJAY ASSOCIATES भी कर सकते है।

यहाँ मैं सारे नामांकों के फल एक साथ दे रहा हूँ ताकि पाठकों को समझने में आसानी रहे।

नामांक फल

1. आप हठी, दृढ-निश्चयी, स्वाभिमानी तथा महत्त्वाकांक्षी व्यक्ति हैं तथा सृजनात्मक कार्य करने में माहिर हैं।

2. आप विनम्र, भावुक तथा कल्पनाशील हैं। आपको जीवन में विभिन्न बाधाओं, निराशा तथा उत्साहहीनता का सामना करना पड़ता है।

3. आप गूढ़ विद्याओं के प्रेमी, ज्योतिष, अंक शास्त्र तथा इसी तरह की अन्य विद्याओं के जानकार हैं। आप महत्त्वाकांक्षी, अनुशासन-प्रिय और संयमित है तथा किसी के अधीन कार्य करना पसन्द नहीं करते।

4. आप प्रगतिवादी, समाज-सुधारक, भावुक, संवेदनशील, स्पष्टवक्ता, धन संग्रह में रुचि न लेने वाले तथा सत्यवादी है। आप काफ़ी व्यावहारिक भी हैं।

5. आप बुद्धिमान, अशान्त, तुरन्त कार्य करने वाले, कल्पनाशील, परिवर्तन प्रिय तथा योजनाएँ बनाने में दक्ष है। विभिन्न कार्यों में आपको सफलता मिलती है।

6. आप दिखने में सुन्दर, आकर्षक एवं कला-प्रेमी हैं। आप मित्रता का पालन करने वाले, अतिथियों का सेवा-सत्कार करने वाले तथा लड़ाई-झगड़े से दूर रहने वाले शान्तिप्रिय व्यक्ति हैं।

7. आप परिवर्तन-प्रिय, देश-विदेश की यात्रा में विशेष रुचि लेने वाले, कल्पनाशील और स्पष्टवक्ता हैं।

8. आप गम्भीर, शान्त, संघर्ष करने वाले, धर्मपरायण, दार्शनिक और अध्यात्मवादी हैं। आप संकोची स्वभाव वाले, विचारशील तथा कल्पनाशील हैं। आपको सफलता ज़रा देरी से मिलती है।

9. आप जल्दबाज़, आवेशपूर्ण व स्वतन्त्र प्रकृति वाले, साहसी और दृढ़ इच्छाशक्ति वाले व्यक्ति हैं। आप न तो किसी से मदद माँगते हैं और न ही अपने काम में किसी का हस्तक्षेप स्वीकार करते हैं। आपका पारिवारिक जीवन प्राय: कलहपूर्ण होता है।

10. यह अंक प्रबल इच्छा-शक्ति, दृढ़ निश्चय, धैर्य, अध्यवसाय, मान-प्रतिष्ठा, यश तथा विश्वास का सूचक हैं। इस अंक से प्रभावित व्यक्ति बेहद आत्मविश्वासी, होते है। ये एक बार जो ठान लेते हैं, उसे पूरा करके ही रहते हैं। ऐसा जातक साधारण परिवार में जन्म लेकर काफ़ी ऊँचा उठता है। इनकी सभी मनोकामनाएँ पूरी होती हैं। ये संसार के सभी भौतिक सुखों का आनंद उठाते हैं।

11. यह अंक हार, पराजय, असफलता तथा अशुभता का प्रतीक है। इस अंक से प्रभावित जातक उम्र भर भटकते रहते हैं। ये कोई भी कार्य निपुणता से नहीं करते, परिणामस्वरूप इन्हें आर्थिक लाभ न के बराबर मिलता है। या मिलता ही नहीं है। ऐसे में ये निराशा का शिकार हो जाते हैं।

12. यह अंक बलिदान का प्रतीक है। ऐसे जातकों के मित्र, सम्बन्धी तथा जान-पहचान के लोग इनसे लाभ उठाते हैं और समय पड़ने पर इन्हें धोखा देते हैं। इस प्रकार के व्यक्ति मानसिक तनाव, चिन्ता तथा कुण्ठाओं से ग्रस्त होकर मानसिक रोगी बन जाते हैं।

13. ऐसे व्यक्ति अपने विचारों में बदलाव लाते रहते हैं। किसी भी कार्य को यह बड़े उत्साह से शुरू कर देते, लेकिन बाद में उनका सारा उत्साह ठण्डा पड़ जाता है। अपने कार्य में रुकावट आने पर ऐसे जातक विध्वंसकारी बन जाते हैं। अपने स्वार्थ के लिए दूसरों का बड़े-से-बड़ा अहित करने से भी नहीं चूकते। ऐसे जातक अपना स्थान, व्यवसाय, तथा कार्यस्थल बदलते रहते हैं। इनके विचारों में ठहराव नहीं होता, परिणामस्वरूप ये एक दिन मनोरोगी बन जाते हैं।

14. इस अंक से प्रभावित जातक भाग्यशाली होते हैं। अन्य लोगों के कष्ट, हानि, भय, पराजय, को ये स्वयं पर झेल लेते हैं। इन्हें अपने जीवन में कई बार आकस्मिक धन-लाभ भी होता है। ऐसे व्यक्ति एकान्तप्रिय न होकर सामाजिक कार्यों में बढ़-चढ़कर हिस्सा लेते हैं तथा सफल होते हैं।

15. इस अंक से प्रभावित जातक गीत, संगीत, गायन आदि कलाओं में बेहद रुचि रखते हैं तथा इनपर खुला ख़र्चा भी करते हैं। जिसकी वजह से इन्हें कई बार दूसरों से क़र्ज़ लेने की नौबत आ जाती है। यह अंक रहस्य का भी सूचक है। इस अंक से प्रभावित जातक के मन में क्या है, उसके होंठों पर कभी नहीं आता। इसी वजह से लोग इनसे दूरी बनाकर रखते हैं।

16. यह अंक अनिश्चय का प्रतीक है। इस अंक से प्रभावित जातकों को जहाँ

प्रारम्भ में सभी प्रकार की सुख-सुविधाएँ मिलती हैं, वहीं वृद्धावस्था में ये अपना सब कुछ गँवा बैठते हैं। इस प्रकार के व्यक्तियों को निरन्तर दुर्घटनाओं का सामना करते रहना पड़ता है।

17. यह अंक विजय, महत्त्वाकांक्षा तथा सफलता का प्रतीक है। इस अंक से प्रभावित जातक अपने जीवन में आयी हर बाधा का डटकर मुकाबला करते हैं, फिर एक दिन ये अपने दृढ़ आत्मविश्वास से अपने जीवन की ऊँचाई पर जा पहुँचते हैं। ऐसे व्यक्ति उदार, धैर्यवान तथा क्षमाशील होते हैं। इनके कार्यों से इनको यश तथा प्रशंसा प्राप्त होती है।

18. यह अंक विरोध तथा पराजय का सूचक है। शत्रु, रोग, तथा कलह। ये तीन बड़े शत्रु सदैव इन्हें घेरे रहते हैं। ऐसे जातक बेकार के कार्यों में अपना धन नष्ट कर देते हैं, जिसकी वजह से एक दिन ये क़र्ज़े के शिकार हो जाते हैं। वास्तव में यह अंक शुभ नहीं है।

19. इस अंक से प्रभावित जातकों को जीवन के हर क्षेत्र-राजनीति, सामाजिक, आर्थिक, आध्यात्मिक आदि में पूर्ण सफलता प्राप्त होती है। ऐसे जातक का समाज में बहुत मान होता है। ऐसे जातक का भाग्य क़दम-क़दम पर उसका साथ देता है। ऐसे जातकों की लगभग सारी इच्छाओं की पूर्ति अवश्य होती है।

20. यह अंक व्यक्ति की उन्नति का सूचक है। ऐसा व्यक्ति साधारण घर में जन्म लेकर भी काफ़ी ऊँचाइयों तक पहुँचता है। इनके जीवन में अनुशासन का विशेष स्थान होता है। इनके द्वारा बनायी गयी हर योजना सफल होती है। ऐसे जातक बुद्धिमान, चतुर, प्रतिभा-सम्पन्न तथा धन कमाने में माहिर होते हैं।

21. यह अंक सफलता का सूचक माना गया है। ऐसे जातक यश, सम्मान की दृष्टि से विख्यात होते हैं। चाहे किसी भी क्षेत्र में हों, ऐसे व्यक्ति अपने लक्ष्य तक अवश्य पहुँचते हैं। देखा गया है कि ऐसे जातकों का भाग्योदय प्राय: यात्राओं से होता है।

22. यह अंक भावुकता का अंक है। ऐसे अंक से प्रभावित जातक अपने कल्पना लोक में खोये रहते हैं। किसी दूसरे का दु:ख देखकर ये फ़ौरन पिघल उठते हैं। मिथ्या विश्वास में आकर श्रम-शक्ति, धन-सम्पदा का अपव्यय करते हैं। कोई भी आदमी इनकी भावुकता का नाजायज़ फायदा उठाकर अपने स्वार्थ सिद्ध कर सकता है।

23. यह अंक सहायता व सहयोग का अंक है। इस अंक से प्रभावित जातक स्वयं कुछ नहीं करते, पर भाग्य-प्रबलता से मित्र ही इनके कार्य सम्पन्न कर जाते हैं। इनके मित्र या परिचित इन्हें जो रास्ता दिखाते हैं, ये आँखें मूँद कर उस रास्ते पर चलना शुरू कर देते हैं। इनकी उन्नति में लगातार बाधाएँ आती रहती हैं। फिर

भी भाग्य के धनी होने की वजह से यह हमारे समाज में यश व सम्मान प्राप्त कर लेते हैं।

24. यह अंक अत्यन्त शुभ फलदायक है। समाज का हर वर्ग, उच्चाधिकारी, राजनीतिज्ञ इनका सम्मान करते हैं। अपनी पत्नी के साथ इनके सम्बन्ध बेहद मधुर होते हैं, जिसकी वजह से इनका जीवन सुखपूर्वक व्यतीत होता है। इनके मित्र दुःख-सुख में इनका साथ देते हैं।

25. यह अंक मिले-जुले फल देता है। इस अंक से प्रभावित जातकों को अपने जीवन में सफलता तो प्राप्त होती है, लेकिन बहुत सारे संघर्षों और बाधाओं के बाद। ऐसे जातकों को निस्सन्देह बहुत बाधाओं का सामना करना पड़ता है, फिर भी अपने तेज़ दिमाग़ तथा अनुभवों के बल पर ये एक दिन विजय प्राप्त करते हैं। ये नयी-नयी योजनाएँ बनाने में माहिर होते हैं। इनके अनुमान कभी ग़लत नहीं होते।

26. इस अंक से प्रभावित जातक बेहद चालाक तथा स्वार्थी क़िस्म के होते हैं। अपना स्वार्थ सिद्ध करने के लिए किसी को भी धोखा दे सकते हैं। यहाँ तक कि अपने मित्र व परिवारजन को भी। अगर ये साझेदारी में व्यापार कर लें, तो हार-हानि सम्भव है।

27. यह अंक उच्चाधिकार, उन्नति, सम्पूर्ण अनुशासन, धन-धान्य का परिचायक है। इस अंक से सम्बन्धित जातक बुद्धिमान तथा अपने सभी कार्यों को योजनापूर्ण तरीक़ों से करते हैं। अपनी बुद्धि के बल पर यह अपने लक्ष्य तक पहुँच जाते हैं तथा समाज में सम्माननीय स्थान बना लेते हैं। इनके विचार पूर्ण रूप से मौलिक तथा नवीनता लिये हुए होते हैं। ये व्यक्ति कर्मक्षेत्र में सफल व्यक्तियों की श्रेणी में आते हैं।

28. यह अंक 'द्वन्द्व' का प्रतीक है। इस अंक में जितना शुभ प्रभाव है, उतना ही अशुभ प्रभाव भी। ऐसे व्यक्ति घोर परिश्रमी, संयमी तथा सतर्क होते हैं। फिर भी ये अपने जीवन में सफल नहीं हो पाते। कठिनाइयाँ बराबर इनके जीवन में बनी रहती हैं।

ऐसे जातकों को कोई भी कार्य खूब सोच-विचार कर करना चाहिए। भूलकर भी दूसरों की राय नहीं लेनी चाहिए। ऐसे जातकों को कोर्ट-कचहरी के चक्कर लगाने पड़ते ही हैं।

29. यह अंक 'अनिश्चय' का प्रतीक है। इस अंक से प्रभावित जातक किसी भी काम को करने से पहले हज़ार बार सोचते हैं। जब ये किसी काम को करने का फ़ैसला करते हैं, तो वह काम बीच में ही इनके अनिश्चय के कारण रुक जाता है।

इनके मित्र इनकी अनिश्चय की स्थिति का पूरा फ़ायदा उठाते हैं, जिसकी वजह से इन्हें धन की हानि उठानी पड़ जाती है। ऐसे जातकों का गृहस्थ-जीवन भी सुखी नहीं रह सकता।

30. यह अंक प्रतिभा का अंक है। इस अंक से प्रभावित जातक को अपनी बुद्धि पर भरोसा होता है, और अपनी बुद्धि के दम पर ये शीर्ष तक पहुँचने में सफल रहते हैं। ऐसे जातकों की बुद्धि प्रखर, सभी कार्यों में चतुर तथा आर्थिक रूप से सम्पन्न होते हैं। ये एकान्त प्रिय होते हैं तथा इन्हें संगीत से बेहद लगाव होता है।

31. यह अंक अन्तर्मुखी होने का परिचायक है। इस अंक से प्रभावित जातक दुनिया से अलग रहना पसन्द करते हैं। समाज के क़रीब जाने से घबराते हैं। ऐसे जातक भीरु, कायर, तथा किसी भी क़िस्म का ज़ोखिम लेने से घबराते हैं। लौकिक जीवन में ये प्राय: असफल ही रहते हैं।

32. बुद्धि की दृष्टि से ऐसे जातक अत्यन्त सफल, श्रेष्ठ एवं उन्नत कहे जाते हैं। ये व्यक्ति अपने समाज से कटे-कटे रहना पसन्द करते हैं। ये किसी सामूहिक जलसे में शामिल भी नहीं होते। अन्य लोगों से इन्हें कोई लेना-देना नहीं होता। इनकी अपनी दुनिया होती है, जिसमें रहना इन्हें बेहद पसन्द है। शारीरिक कार्यों के मुकाबले में ये मानसिक कार्यों में अधिक सफल होते हैं। अगर ये आलस्य पूरी तरह से त्याग दें, तो खूब सफल होते हैं। अन्य लोगों की सलाह ये बिलकुल लेना पसन्द नहीं करते। देखा गया है कि जब-जब ऐसे जातकों ने दूसरों की राय से कोई भी कार्य शुरू किया, उसमें ये असफल ही रहे।

33. यह अंक आत्मविश्वास का परिचायक है। इस अंक से प्रभावित जातक जो कार्य करने की सोचते हैं, एक दिन पूरा करके ही दिखाते हैं। अन्तहीन धैर्य, अटूट आत्म विश्वास तथा प्रबल जीवन-शक्ति ही ऐसे जातकों के गुण होते हैं। धैर्य व कठोर अध्यवसाय के बल पर ये आख़िर में अपने लक्ष्य तक पहुँच ही जाते हैं। ये अपनी निन्दा, आलोचना या व्यंग्य सहन नहीं कर सकते।

34. इस अंक से प्रभावित जातकों के जीवन में कठिनाइयाँ तथा बाधाएँ आती ही रहती हैं। और ये इन कठिनाइयों का सामना नहीं कर पाते और अकसर डिप्रेशन का शिकार हो जाते हैं। ये बहुत संकोची होते हैं। अपनी अच्छी बात भी ये दूसरों के सामने ठीक ढंग से नहीं कह पाते। अपने से ऊँचे अधिकारियों से बात करते हुए ये बहुत घबराते हैं। अपनी इसी घबराहट से ये अपने बॉस से उस काम को करने की हामी भर देते हैं, जोकि इन्हें आता ही नहीं। इसी वजह से ऐसे जातक अपने जीवन में असफल ही रहते हैं।

35. इस अंक से प्रभावित जातक लापरवाह क़िस्म के होते हैं। ऐसे व्यक्ति की न तो किसी कार्य के प्रति उमंग होती है और न ही कोई उत्साह। और ऐसे जातक ऊँचा उठने में विश्वास रखते हैं। ये हमेशा दूसरों की राय से चलते हैं, ये अपना कोई निर्णय खुद नहीं ले पाते। इसी वजह से अपने जीवन के किसी भी क्षेत्र में कामयाबी हासिल नहीं कर पाते।

36. इस अंक के प्रभावित जातक ज़बान के पक्के तथा पूर्ण आत्माभिमानी होते

हैं। अपने आत्मसम्मान के लिए ये अपनी जान तक दे सकते हैं। अपने दिये गये वचनों से ये कभी पीछे नहीं हटते। इनकी कोई भी बात पत्थर पर खीचीं लक़ीर की तरह होती है।

ऐसे जातक अपने प्रयत्नों से पूर्ण सफलता प्राप्त करते हैं। इनमें एक अवगुण भी पाया जाता है, ये बेहद हठी या फिर बड़े ज़िद्दी होते हैं। अपनी घर-बाहर की तमाम ज़िम्मेदारियाँ अच्छी तरह से निभाते हैं।

37. यह अंक सहयोग का प्रतीक है। ऐसे व्यक्तियों का भाग्योदय किसी के साथ साझेदारी से ही होता है। बुद्धि एवं प्रतिभा में ये श्रेष्ठ होते हैं। अपने जीवन में ये खूब धन कमाते हैं। दूर देशों की यात्राएँ इनके लिए शुभ होती हैं। इन यात्राओं से इन्हें काफ़ी फ़ायदा भी होता है। प्रेम-प्रसंग में ऐसे जातक खूब सफल रहते हैं।

38. यह अंक अस्थिरता का सूचक है। किसी एक विषय पर ये व्यक्ति लम्बे समय तक नहीं सोच पाते। टिककर या जमकर बैठना इनके वश की बात नहीं। चूँकि ये पक्के घुमक्कड़ होते हैं, इसलिए ऐसे कार्य का चुनाव करना चाहिए, जिसमें इन्हें हर दूसरे दिन यात्रा करनी पड़े। इनमें धैर्य का गुण विशेष रूप से पाया जाता है।

39. यह अंक धीरता-वीरता का परिचायक है। इस अंक से प्रभावित सभी जातक साहसी होते हैं। इनके सामने किसी भी प्रकार की बाधा आ जाये, तो ये ज़रा भी नहीं घबराते और पूरे साहस से उसका मुकाबला करते हैं। ऐसे जातक किसी भी चुनौती के लिए सदैव तैयार रहते हैं। इनके जीवन में लक्ष्मी की विशेष कृपा रहती है।

40. इस अंक से प्रभावित जातक स्वयं के लिए जीते हैं और स्वयं के लिए ही मरते हैं। अन्तर्मुखी होने की वजह से धर्मभीरु भी होते हैं। धार्मिक कार्यों में इनका कोई लगाव नहीं होता, फिर भी दूसरों की खुशियों के लिए ये कभी-कभार धार्मिक गतिविधियों में शामिल हो जाते हैं।

41. इस अंक से सम्बन्धित जातक परम भाग्यशाली होते हैं। ऐसे व्यक्ति साधारण परिवार में जन्म लेकर भी उच्च पद पर आसीन हो जाते हैं। जीवन के सभी सुख जैसे नौकर-चाकर, भूमि, वाहन, वस्त्राभूषण तथा ऐश्वर्य इन्हें आसानी से प्राप्त होते हैं। ये अपने जीवन में काफ़ी यश भी हासिल करते हैं। ये समाज-सेवा व परोपकार के लिए अपनी आय का एक निश्चित भाग देने से नहीं हिचकिचाते। अपने जीवन में ऐसे जातक सदैव खुश रहते हैं।

42. ऐसे जातक परजीवी कहलाये जाते हैं, क्योंकि जीवन में हमेशा आगे बढ़ने के लिए आप किसी न किसी का साथ चाहते हैं। हालाँकि इनमें बुद्धि और प्रतिभा की कोई कमी नहीं होती, फिर भी ये अपने कार्य अपने बलबूते पर नहीं कर पाते। इस सबके लिए इन्हें दूसरों का सहारा लेना ही पड़ता है।

43. यह अंक बाधाओं का अंक है। इस अंक से प्रभावित जातक अपने जीवन में कभी सफल नहीं हो पाते। इनका सारा जीवन हार-पराजय, कलह, लड़ाई-झगड़े, विद्रोह, मुकदमेंबाज़ी आदि गतिविधियों में बीत जाता है।

44. यह अंक हार-पराजय का प्रतीक है। इस अंक से प्रभावित जातक अपने जीवन में अपने बलबूते पर कभी कुछ नहीं कर पाते। इन्हें हर क़दम पर कोई न कोई सहारा चाहिए। किसी के सहारे के बिना ये आगे ही नहीं बढ़ते। इनका भाग्य इतना बुरा होता है कि अपने जीवन में ये कभी सफल नहीं हो पाते।

45. उच्च महत्वाकांक्षाओं से सम्पन्न ऐसे व्यक्ति अपने जीवन में पूरी तरह से सफल होते हैं। ये परिस्थितियों के अनुसार आगे बढ़ते हैं। लोग इनकी नीतियों व धारणाओं का अनुगमन करते हैं। हर क़दम, हर कार्य, हर क्षेत्र में सफलता इनके क़दम चूमती है। ये अपने जीवन में एक बार शीर्ष पर अवश्य पहुँचते हैं। ऐसे व्यक्तियों को हमारा समाज पलकों पर बिठा कर रखता है।

46. यह अंक भाग्यशाली माना जाता है। इस अंक से प्रभावित व्यक्ति जो भी कार्य करते हैं, कुछ विशेष तरीक़े से करते हैं, जिसकी वजह से इनके कार्यों की समाज द्वारा सराहना की जाती है।

47. यह अंक अनिश्चय का सूचक है। इस अंक से प्रभावित जातकों के जीवन में कब क्या घटित हो जाये, कुछ नहीं कहा जा सकता। ऐसे व्यक्ति असाधारण बुद्धि के होते हुए भी असफल ही रहते हैं। ये उम्रभर क़र्ज़ों में दबे रहते हैं। धन कमाने के लिए इनके सारे प्रयास व्यर्थ ही जाते हैं। धन को लेकर इनके घर में हमेशा कलहपूर्ण वातावरण रहता है। लेकिन हाँ, अपने कार्य तथा व्यवसाय में ये अपने उच्चाधिकारियों का मन मोह लेते हैं।

48. यह अंक बुद्धि, प्रतिभा और सादगी का प्रतीक है। इस अंक से प्रभावित जातक अपने जीवन में पूरी तरह से सफल रहते हैं। गहरी सूझबूझ के धनी, अच्छे चिन्तक, मननशील व्यक्तित्व के धनी होते हैं। आप समाज में अपना एक विशिष्ट स्थान बनाते हैं। लोग आपकी सलाह का आदर करते हैं और आपके विचारों को प्रमुखता देते हैं।

49. अंक विज्ञान में इस अंक को असफल, व्यर्थ, हारा हुआ माना जाता है। इससे प्रभावित जातक आजीवन संघर्षशील रहते हैं। समाज में इनको कम ही देखा जाता है। इनके जीवन में मित्रों की संख्या भी बहुत कम होती है।

50. यह अंक पूर्ण रूप से कल्पना का सूचक है। इस अंक से प्रभावित जातक दयावान, भावुक, सहयोगी एवं कल्पनाप्रिय होते हैं। जीवन की कठोर सच्चाइयों से ये दूर ही रहते हैं। इनकी अपनी एक अलग दुनिया होती है, जिससे ये बाहर आना नहीं चाहते। लेकिन ये अपना प्रत्येक कार्य योजना बना कर करते हैं, जिसमें ये अकसर सफल भी होते हैं, लेकिन फिर भी ये अपने जीवन में धनसंचय नहीं कर पाते।

51. यह अंक विजय का अंक माना गया है। इस अंक से प्रभावित जातकों के जीवन में संघर्ष के अवसर कम ही आते हैं। पर संघर्ष आने पर इनका मस्तिष्क और अधिक उर्वर तथा दक्ष हो जाता है। इनमें नेतृत्व के गुण भी पाये जाते हैं। इनके जीवन में ज़रूरत से ज़्यादा शत्रु होते हैं, पर किसी भी प्रकार से शत्रु इनका अहित नहीं कर सकते।

52. यह अंक पराजय तथा परेशानियों का प्रतीक है। इस अंक से प्रभावित व्यक्तियों के जीवन में चार दिन आराम से भी नहीं बीतते। इनके जीवन में निरन्तर उथल-पुथल तथा परेशानियाँ बनी रहती हैं।

53. यह रहस्य का अंक कहलाया जाता है। ऐसे व्यक्ति अपने मन में जो योजना बनाते हैं, उसके बारे में किसी को नहीं बताते। इनके चेहरे से भी यह ज्ञात नहीं हो पाता कि इनके मन में क्या है। इस अंक से प्रभावित जातक कष्ट सहने वाले, अपना हर कार्य होशियारी से करने वाले होते हैं। गोपनीय कार्य, गुप्तचरी का कार्य या किसी के मन का भेद लेने के कार्य में खूब सफल होते हैं। सैनिक कार्य, नेतृत्व, राजनीति में भी इन्हें खूब सफलता मिलती है।

54. यह अंक नेतृत्व का सूचक है। ऐसे व्यक्ति हमेशा समाज तथा देश का नेतृत्व करने में सक्षम होते हैं। अपने नेतृत्व, तुरन्त निर्णय एवं बुद्धि के माध्यम से ये व्यक्ति शीघ्र अपने लक्ष्य को पा लेते हैं।

55. यह विद्वता का अंक है। इस अंक से प्रभावित जातक बोलने में होशियार, तर्क दने में माहिर तथा अपनी बातचीत से विरोधियों को हराने वाले होते हैं। इनके अकाट्य तर्कों के सामने विरोधी ज़रा भी नहीं टिक पाते। ये आत्मबल से ख्याति एवं सम्मान प्राप्त करके ही दम लेते हैं। कई बार ये जल्दबाज़ी में निर्णय ले लेते हैं, जिसकी वजह से इन्हें अकसर असफलताओं का सामना भी करना पड़ जाता है।

56. यह बाधाओं का अंक है। इस अंक से प्रभावित जातक अपने जीवन में उठना चाहते हैं, परन्तु इनकी योजनाएँ अव्यवस्थित तथा ग़लत होती हैं, जिसकी वजह से ये सफल नहीं हो पाते। इनके मित्र कमज़ोर तथा अदूरदर्शी होते हैं।

57. यह अंक पूर्ण आत्मविश्वास का परिचायक है। इस अंक से प्रभावित व्यक्ति अपने जीवन में सदा खुश रहते हैं। ऐसे व्यक्ति अपने व्यवसाय में पूर्ण रूप से सफल होते हैं। निरन्तर आगे बढ़ते रहना, इनके जीवन का मूत्रमन्त्र होता है।

58. इस अंक के व्यक्तियों का जीवन खुली किताब की तरह होता है। ऐसे जातक सच्चे प्रेमी, खूब दयालु, परोपकारी तथा सत्यान्वेषी होते हैं। चिकित्सा एवं सार्वजनिक कार्यक्षेत्र में ये खूब सफल होते हैं। मित्र व हितैषी लोग इनको सदैव घेरे रहते हैं। अपने जीवन में ये निष्कपट, सौम्य व मृदु बने रहते हैं। कुल मिलाकर ऐसे व्यक्ति अपने जीवन में पूर्ण सफल होते हैं।

59. इस अंक से प्रभावित जातकों को अपने जीवन में कई बार उतार-चढ़ाव झेलने पड़ते हैं। फिर भी आप जैसे भी हो, धन-संचय कर लेते हैं। चरित्र के मामले में ऐसे जातक थोड़ा कमज़ोर पड़ जाते हैं।

इनका भाग्योदय यात्राओं से होता है। ये अपने जीवन में कई बार जल यात्रा करते हैं। जीवन में संकट व बाधाएँ इनसे कन्नी काट जाती हैं। विपत्तियों से ये डटकर सामना करते हैं। ये जातक दलाली व बैंकिंग के कार्य में खूब सफलता प्राप्त कर सकते हैं। धन पाने के लिए ये साम-दाम-दण्ड-भेद कुछ भी कर सकते हैं।

60. इस अंक से प्रभावित जातक हमेशा खुश रहते हैं। खुशमिजाज़ी इनका सबसे बड़ा गुण है। ये स्वयं तो खुश रहते ही हैं तथा औरों को भी खुश रखते हैं। विनोदप्रियता इनकी रग-रग में बसी रहती है। दीन-हीन, अपाहिज़ों की सेवा करने में इनको बेहद खुशी मिलती है। ये सबसे मिलजुल कर रहने में यक़ीन रखते हैं। अपने सम्पर्क में आये हर व्यक्ति को ये प्रसन्न रखने का प्रयास करते हैं। कुल मिलाकर यह अंक शुभ फलदायक है।

61. इस अंक से प्रभावित जातक आत्म-संयमी, कम बोलने वाले तथा अपने-आप पर नियन्त्रण रखने वाले होते हैं। ये खूब यात्राएँ करते हैं। यात्राओं में इनको बेहद आनन्द आता है। अपने मन-मस्तिष्क व विचारों पर पूर्ण नियन्त्रण रखना कोई इनसे सीखें। ये सदैव मित्रों से घिरे रहते हैं। इनका प्रारम्भिक जीवन भले ही कष्टों से भरा रहे, लेकिन धीरे-धीरे ये उन्नति करते हैं और एक दिन मनचाही सफलता प्राप्त कर लेते हैं।

62. सैनिक नेतृत्व में यह अंक सफलता का सूचक माना गया है। इस अंक से प्रभावित जातकों को सैनिक विभाग में ही कार्य करना चाहिए। वैसे ये राजनीतिक, तर्क, एवं नेतृत्व सम्बन्धित क्षेत्रों में सफलता प्राप्त कर सकते हैं। देखा गया है कि ऐसे जातकों में आत्मविश्वास कूट-कूटकर भरा होता है।

63. यह अंक परोपकारी होता है। दूसरों की भलाई तथा धार्मिक कार्यों में लगे रहना इनका स्वभाव होता है। ये जैसे भी हो, दूसरों की भलाई करने से पीछे नहीं हटते। समाज में इनको पूरा सम्मान मिलता है। व्यावसायिक क्षेत्र में कुछ भी करें, कोई भी व्यापार करें, सफलता क़दम चूमती है। परन्तु ख़र्च ज़्यादा होने के कारण इनका आर्थिक पक्ष कमज़ोर रहता है।

64. यह अंक मानसिक परेशानियों तथा जीवन में अस्थिरता का सूचक है। व्यापार करने में ये ज़रा भी माहिर नहीं है, इसलिए इनको नौकरी ही करनी चाहिए। सम्भव हो सके तो ऐसे जातक वकालत करें, निश्चित रूप से सफल होंगे। वैसे ये चिकित्सा क्षेत्र में भी जा सकते हैं।

अपने वैवाहिक-जीवन में ये जातक परेशान व दुखी रहते हैं। हर समय के

गृह-कलह के कारण ये निराश हो जाते हैं। जिसकी वजह से ये मानसिक रोगी भी बन सकते हैं।

65. यह अंक भाग्यशाली व दुर्घटनाओं का प्रतीक है। इस अंक से प्रभावित जातक को अपने गृहस्थ-जीवन का पूरा-पूरा आनन्द प्राप्त होता है। जीवन की समस्त भौतिक सुविधाएँ इनको प्राप्त होती हैं। अभाव नाम की कोई चीज़ इनके जीवन में नहीं रहती। लेकिन क़दम-क़दम पर होने वाली दुर्घटनाएँ इनको परेशान किये रहती हैं।

66. यह अंक पूर्ण सफलता का परिचायक है। जीवन के जिस क्षेत्र (व्यापार/नौकरी) में ये जाते हैं, उसमें इनको भरपूर सफलता मिलती है। व्यवहारकुशलता, प्रियभाषी, मृदु, मधुर तथा स्पष्टवादिता इनके प्रमुख गुण हैं। समाज-सुधार एवं देश-सेवा से ये यश-मान-सुखादि प्राप्त कर सकते हैं।

67. यह अंक मृदुता, कोमलता, व्यवहार-कुशलता का प्रतीक है। ऐसे जातक बेहद सरल, सात्त्विक एवं स्पष्ट बोलने वाले होते हैं। ये अपने जीवन का एक उद्देश्य तय करके धीरे-धीरे सफलता की ओर बढ़ते हैं। दूसरों का हित करना इनके विशिष्ट गुणों में एक गुण है।

68. यह अंक धोखा-धड़ी तथा छल-कपट का सूचक है। इस अंक से प्रभावित जातक उद्देश्यहीन तथा भटके हुए होते हैं। ये हमेशा खिन्न व उदास रहते हैं। चाहे नौकरी हो या फिर व्यापार, इनको असफलताओं का सामना करना पड़ता है। ज़रा-ज़रा-सी बात पर ये परेशान हो जाते हैं और कई बार परेशानियों की वजह से ये पूरी तरह से निराश हो जाते हैं और आत्महत्या की कोशिश कर बैठते हैं। दूसरों को धोखा देना, छल-कपट से अपने काम करवाना और धोखा देना इनके जन्मजात अवगुण हैं। इन अवगुणों को त्याग करके ही ये अपने जीवन में सफलता प्राप्त कर सकते हैं।

69. यह कीर्ति, परम आनन्द, ऐश्वर्य, तथा सम्पन्नता का अंक है। इस अंक से प्रभावित जातक अपने कार्यों तथा अपने व्यवहार से धन संचय करते हैं और एक दिन सफलता के ऊँचे सोपानों को छूने लगते हैं।

70. यह सौभाग्य का अंक है। इस अंक से प्रभावित जातक जिस क्षेत्र में जाते हैं, उसमें पूरी सफलता प्राप्त करते हैं। ऐसे जातकों को जीवन के सभी भोग, धन-धान्य, सुख, नौकर-चाकर, भूमि-भवन, वस्त्राभूषण आदि की प्राप्ति हीती हैं। इनका बुढ़ापा सुख से बीतता है। नौकरी की अपेक्षा ये व्यापार में अधिक सफल होते हैं।

71. यह बाधाओं का अंक है। इस अंक से प्रभावित जातक आजीवन परेशान रहते हैं। इनके जीवन में निरन्तर बाधाएँ बनी रहती हैं। छोटी-छोटी बातों पर ऐसे जातकों का मानसिक सन्तुलन डगमगा जाता है और ये परेशान हो जाते हैं। इन

जातकों को स्वप्नद्रष्टा भी कहा जा सकता है। व्यावहारिक जीवन में इन्हें असफल कहा जा सकता है।

72. यह परिश्रम का अंक है। इससे प्रभावित जातक काफ़ी बाधाओं, समस्याओं तथा संघर्षों के बाद अपने जीवन में सफलता प्राप्त करते हैं। यदि ऐसे जातक दूसरों के कहे की अपेक्षा स्वयं विचार कर कार्य करें, तो कहीं अधिक सफल हो सकते हैं।

73. यह साधारण अंक है। इस अंक से प्रभावित जातक ज़रूरत-से अधिक परिश्रम करते हैं। परन्तु प्रयत्न करने पर भी इनके जीवन में सफलता कठिनता से ही मिलती है। ज़रूरत से ज़्यादा बाधाएँ आने की वजह से ये अपने जीवन में निराश हो जाते हैं।

74. यह एक पूर्णतया सफलता तथा श्रेष्ठता का अंक है। साधारण परिवार में जन्म लेकर भी ऐसे जातक अत्यन्त ऊँचे उठते देखे गये हैं। ऐसे जातक दिखावे में बहुत यक़ीन रखते हैं। व्यापार की अपेक्षा ये नौकरी से अधिक सफलता प्राप्त कर सकते हैं। घोर परिश्रम करते रहने पर भी कई बार सतर्कता के अभाव में हार जाते हैं। इनको झूठी शान से बचना चाहिए।

75. यह भोग प्रधान अंक है। ऐसे व्यक्ति पूरे संसारी, भोगी तथा ऐशो-आराम में ही अपना जीवन बिताते हैं। ऐसे व्यक्ति जीवन में कई बार दुर्घटनाओं के शिकार भी बनते हैं। प्रायः इनका स्वास्थ्य बिगड़ा रहता है।

76. जीवन के सभी क्षेत्रों में इनको सफलता प्राप्त होती है। दाम्पत्य जीवन में भी ये सफल होते हैं। परोपकार के कार्यों पर ये धन ख़र्च करते हैं। इनके शत्रु इनसे परेशान रहते हैं।

77. ऐसे जातकों को काफ़ी संघर्षों के बाद सफलता मिलती है। धन संग्रह में इनकी विशेष रुचि होती है। यात्राओं के माध्यम से ये व्यावसायिक प्रगति करते हैं।

78. यह परोपकारी अंक है। इस अंक से प्रभावित जातकों को सफल होने के लिए बाधाओं तथा विपत्तियों को दूर करना पड़ता है। आन्तरिक रूप से ये परेशान रहते हैं, जबकि सामाजिक दृष्टियों से यश तथा मान-सम्मान की प्राप्ति होती है। व्यावसायिक बुद्धि इनमें ज़रूरत से ज़्यादा होती है।

80. यह अंक पूरी तरह से सफलता का अंक है। इस अंक से प्रभावित जातकों को अपने जीवन में अपने प्रयत्नों से उठते देखा गया है। ऐसे जातक धार्मिक प्रवृत्ति वाले, संवेदनशील तथा भावुक होते हैं। निज़ी जीवन में इन्हें काफी संघषों के बाद सफलता प्राप्त होती है।

६

बच्चे के नाम का पहला अक्षर कैसे जानें?

जब भी कोई बच्चा जन्म लेता है, उस समय चन्द्रमा जिस राशि में होता है, वह जन्म लेने वाले बालक की चन्द्र राशि होती है। चन्द्र प्रत्येक राशि में सवा दो नक्षत्र व 9 चरण होते हैं।

ज्योतिष में 27 नक्षत्र होते हैं और प्रत्येक नक्षत्र के चार चरण होते हैं। चन्द्र राशि के नक्षत्र चरण के अक्षर के अनुसार ही बालक का नाम रखा जाता है। नक्षत्रों के चरणों के अनुसार प्रत्येक चरण के आगे नाम का अक्षर नीचे दिया जा रहा है। बालक के नाम का पहला अक्षर और राशि क्या होनी चाहिए, यह जानने के लिए निम्नलिखित तालिका देखें-

नक्षत्र	नाम का पहला अक्षर	राशि
अश्वनी		
चरण-1	चू	मेष
चरण-2	चू	मेष
चरण-3	चो	मेष
चरण-4	ला	मेष
भरणी नक्षत्र		
चरण-1	ली	मेष
चरण-2	लू	मेष
चरण-3	ले	मेष
चरण-4	लो	मेष
कृतिका नक्षत्र		
चरण-1	अ	मेष
चरण-2	इ	वृष
चरण-3	उ	वृष
चरण-4	ए	वृष

रोहिणी नक्षत्र

चरण-1	ओ	वृष
चरण-2	वा	वृष
चरण-3	वी	वृष
चरण-4	वू	वृष

मृगशिरा नक्षत्र

चरण-1	वे	वृष
चरण-2	वो	वृष
चरण-3	क	मिथुन
चरण-4	की	मिथुन

आर्द्रा नक्षत्र

चरण-1	कू	मिथुन
चरण-2	ध	मिथुन
चरण-3	ङ	मिथुन
चरण-4	छ	मिथुन

पुर्नवसु नक्षत्र

चरण-1	के	मिथुन
चरण-2	को	मिथुन
चरण-3	हा	मिथुन
चरण-4	ही	कर्क

पुष्य नक्षत्र

चरण-1	हू	कर्क
चरण-2	हे	कर्क
चरण-3	हो	कर्क
चरण-4	डा	कर्क

अश्लेषा नक्षत्र

चरण-1	डी	कर्क
चरण-2	डू	कर्क
चरण-3	डे	कर्क
चरण-4	डो	कर्क

मघा नक्षत्र

चरण-1	मा	सिंह
चरण-2	मी	सिंह

चरण-3	मू	सिंह
चरण-4	मे	सिंह

पूर्वा फाल्गुनी

चरण-1	मो	सिंह
चरण-2	टा	सिंह
चरण-3	टी	सिंह
चरण-4	टू	सिंह

उत्तराफाल्गुनी

चरण-1	टे	सिंह
चरण-2	टो	कन्या
चरण-3	पा	कन्या
चरण-4	पी	कन्या

हस्त नक्षत्र

चरण-1	पू	कन्या
चरण-2	ष	कन्या
चरण-3	ण	कन्या
चरण-4	ठ	कन्या

चित्रा नक्षत्र

चरण-1	पे	कन्या
चरण-2	पो	कन्या
चरण-3	रा	तुला
चरण-4	री	तुला

स्वाती नक्षत्र

चरण-1	रु	तुला
चरण-2	रे	तुला
चरण-3	रो	तुला
चरण-4	ता	तुला

विशाखा नक्षत्र

चरण-1	ती	तुला
चरण-2	तू	तुला
चरण-3	त	तुला
चरण-4	तो	वृश्चिक

अनुराधा नक्षत्र

चरण–1	ना	वृश्चिक
चरण–2	नी	वृश्चिक
चरण–3	नू	वृश्चिक
चरण–4	ने	वृश्चिक

ज्येष्ठा नक्षत्र

चरण–1	नो	वृश्चिक
चरण–2	या	वृश्चिक
चरण–3	यी	वृश्चिक
चरण–4	यू	वृश्चिक

मूल नक्षत्र

चरण–1	ये	धनु
चरण–2	यो	धुन
चरण–3	भा	धनु
चरण–4	भी	धनु

पूर्वाषाढ़ा नक्षत्र

चरण–1	भू	धनु
चरण–2	धा	धनु
चरण–3	फा	धनु
चरण–4	ढ़ा	धनु

उत्तराषाढ़ा नक्षत्र

चरण–1	भे	धनु
चरण–2	भो	मकर
चरण–3	जा	मकर
चरण–4	जी	मकर

श्रवण नक्षत्र

चरण–1	खी	मकर
चरण–2	खू	मकर
चरण–3	खे	मकर
चरण–4	खो	मकर

धनिष्ठा नक्षत्र

चरण–1	गा	मकर
चरण–2	गी	मकर

चरण–3	गू	कुम्भ
चरण–4	गे	कुम्भ

शतभिषा नक्षत्र

चरण–1	गो	कुम्भ
चरण–2	सा	कुम्भ
चरण–3	सी	कुम्भ
चरण–4	सू	कुम्भ

पूर्वाभाद्रपद नक्षत्र

चरण–1	से	कुम्भ
चरण–2	सो	कुम्भ
चरण–3	दा	कुम्भ
चरण–4	दी	मीन

उत्तराभाद्रपद नक्षत्र

चरण–1	दू	मीन
चरण–2	छ	मीन
चरण–3	झ	मीन
चरण–4	त्र	मीन

रेवती नक्षत्र

चरण–1	दे	मीन
चरण–2	दा	मीन
चरण–3	चा	मीन
चरण–4	ची	मीन

जन्म लिये हुए बालक का नाम यदि नक्षत्र के चरणानुसार रखा जाता है, तो नाम अति शुभ होता है, लेकिन देखा गया है कि कई बार किसी मित्र, रिश्तेदार या किसी बाह्मण के कहने पर भी नाम रखे जाते हैं। इसलिए जो भी प्रचलित नाम हो, उसके अक्षरों को अंकों में बदलकर नामांक मालूम करना चाहिए। नाम का व्यक्ति के जीवन में बहुत महत्त्व होता है।

वास्तव में, प्रत्येक नाम का कोई–न–कोई अर्थ होता है। संसार में कोई भी माता–पिता अपने बच्चे का अशुभ नाम नहीं रखते हैं। अगर भाग्यांक और नामांक एक दूसरे के लिए शुभ न हो तो नाम में कुछ परिवर्तन करके भाग्य को बदला जा सकता है।

७

अनिष्ट ग्रहों की शान्ति के शुभ रत्न

अनिष्ट ग्रहों के बुरे प्रभावों को दूर करने के लिए तथा शुभ प्रभावों में वृद्धि कि लिए उपयुक्त ग्रह रत्न (नग) धारण करना अत्यन्त लाभदायक सिद्ध होता हैं। आइए जानते हैं कुछ रत्नों को धारण करने की विधि और उनसे होने वाले लाभों के बारे में-

सूर्य रत्न-माणिक (RUBY)

संस्कृत में इसे माणिक्य, पद्यराग, हिन्दी में माणिक, मानिक, अँग्रेज़ी में रूबी कहते हैं। सूर्य रत्न होने से इस ग्रह रत्न का अधिष्ठाता सूर्यदेव हैं।

पहचान विधि

➡ असली माणिक्य लाल सुर्ख वर्ण का पारदर्शी, चिकना, चमक लिये और कुछ भारी होता है। अर्थात् इसे हथेली पर रखने से वज़न का अनुभव होता है।

➡ काँच के बर्तन में इसे रखने से इसकी हल्की लाल किरणें चारों ओर से निकलती दिखायी देती हैं।

➡ गाय के दूध में असली माणिक्य रखा जाये, तो दूध का रंग गुलाबी दिखायी देता है।

धारण विधि

माणिक्य रत्न रविवार को सूर्य की होरा में, कृतिका, उत्तराफाल्गुनी, उत्तराषाढ़ा नक्षत्रों, रविपुष्य योग में सोने अथवा ताँबे की अँगूठी में जड़वा कर तथा सूर्य के बीजमन्त्रों द्वारा अँगूठी अभिमन्त्रित करके अनामिका अँगुली में धारण करना चाहिए। इसका वज़न 3, 5, 7 अथवा 9 रत्ती से कम नहीं होना चाहिए।

सूर्य बीज मन्त्र

'ऊँ ह्रां, ह्रीं ह्रौं, सः सूर्याय नमः'

धारण करने के बाद गायत्री मन्त्र की 3 माला का पाठ, हवन, एवं सूर्य भगवान को विधिपूर्वक अर्घ्य प्रदान करना तथा ताम्र बर्तन, कनक, नारियल, मानक, गुड़, लाल वस्त्रादि सूर्य से सम्बन्धित वस्तुओं का दान करना चाहिए।

लाभ

विधिपूर्वक माणिक्य धारण करने से राजकीय क्षेत्रों में प्रतिष्ठा, भाग्योन्नति, पुत्र-सन्तान लाभ, तेज़बल में वृद्धिकारक तथा हृदय रोग, चक्षुरोग, रक्त विकार, शारीरिक

कमज़ोरी में लाभकारी होता है।

कौन धारण कर सकता है?

मेष, कर्क, सिंह, तुला, वृश्चिक एवं धनु राशि अथवा इसी लग्न वालों को माणिक धारण करना शुभ लाभप्रद रहता है अथवा जिनकी चन्द्र कुण्डली में सूर्य योगकारक होता हुआ भी प्रभावी न हो रहा हो, उन्हें भी माणिक्य धारण करना शुभ रहता है।

चन्द्र रत्न- मोती (PEARL)

चन्द्र-रत्न मोती को संस्कृत में मौक्तिक, चन्द्रमणि इत्यादि, हिन्दी-पंजाबी में मोती एवं अँग्रेज़ी में पर्ल (Pearl) कहा जाता है। मोती या मुक्ता रत्न का स्वामी चन्द्रमा है।

पहचान

शुद्ध एवं श्रेष्ठ मोती गोल, श्वेत, उज्ज्वल, चिकना, चन्द्रमा के समान कान्तियुक्त, निर्मल एवं हल्कापन लिये होता है।

परीक्षा

- गोमूत्र को किसी मिट्टी के बर्तन में डालकर उसमें मोती रात भर रख दें, यदि वह अखण्डित रहे, तो मोती को शुद्ध (सुच्चा) समझें।
- पानी से भरे शीशे के गिलास में मोती डाल दें। यदि पानी से किरणें-सी निकलती दिखायी पड़ें, तो मोती को असली जानें। सच्चा मोती के अभाव में चन्द्रकान्त मणि अथवा सफ़ेद पुखराज धारण किया जा सकता है।

लाभ

असली शुद्ध मोती धारण करने से मानसिक-शक्ति का विकास, शारीरिक सौन्दर्य की वृद्धि, स्त्री एवं धनादि सुखों की प्राप्ति होती है। इसका धारण करना स्मरण-शक्ति में भी वृद्धिकारक होता है।

रोग शान्ति-चिकित्सा शास्त्र में भी मोती या मुक्ता भस्म का उपयोग मानसिक रोगों, मूर्च्छा, मिरगी, उन्माद, रक्तचाप, उदर-विकार, पत्थरी, दन्तरोग आदि के लिए किया जाता है।

धारण विधि

मोती चाँदी की अँगूठी में शुक्ल पक्ष के सोमवार को पूर्णिमा के दिन, चन्द्रमा की होरा में गंगा जल, कच्चा दूध व पाण्डुलादि में डुबोते हुए 'ऊँ श्रां श्रीं श्रौं सः चन्द्रमसे नमः' के बीजमन्त्र का पाठ 11000 की संख्या में करने के बाद धारण करना चाहिए। उसके बाद चावल, चीनी, खीर, श्वेत फल एवं वस्त्रादि का दान करना शुभ होगा।

मोती 2, 4, 6 अथवा 11 रत्ती का अनामिका या कनिष्ठका अँगुली में हस्त, रोहिणी, अथवा श्रवण नक्षत्र में सुयोग्य ज्योतिषी द्वारा बताए गये मुहूर्त में धारण करना चाहिए। मेष, वृष, मिथुन, कर्क, कन्या, तुला, वृश्चिक, मीन राशि/लग्न वालों को मोती शुभ रहता है।

चन्द्रमा का उपरत्न-चन्द्रकान्त मणि (MOON LIGHT STONE)

यह उपरत्न चाँदनी जैसे चमक लिए हुये चन्द्रमा का उपरत्न माना जाता है। इसे हिलाने से, इस पर दूधिया जैसी प्रकाश रेखा चमकती है। यह रत्न भी मानसिक शान्ति, प्रेरणा, स्मरण-शक्ति में वृद्धि तथा प्रेम में सफलता प्रदान करता है। लाभ की दृष्टि से चन्द्रकान्त मणि मलाई के रंग का (सफ़ेद और पीले के बीच का) उत्तम माना जाता है। इसे चाँदी में ही धारण करना चाहिए।

मंगल रत्न-मूँगा (CORAL)

मूँगा को संस्कृत में अंगारकमणि तथा अँग्रेज़ी में कोरल (Coral) कहते हैं। गोल, चिकना, चमकदार, एवं औसत से अधिक वज़नी, सिन्दूरी से मिलते-जुलते रंग का मूँगा श्रेष्ठ माना जाता है। इसका स्वामी ग्रह मंगल है।

परीक्षा

- असली मूँगे को खून में डाल दिया जाये तो उसके चारों ओर गाढ़ा रक्त जमा होने लगता है।
- असली मूँगा यदि गौ के दूध में डाल दिया जाये, तो उसमें लाल रंग की झांई-सी दिखने लगती है।

लाभ

श्रेष्ठ जाति का मूँगा धारण करने से भूमि, पुत्र एवं भ्रातृ सुख, नीरोगता, आदि की प्राप्ति होती है। इसके अतिरिक्त रक्त-विकार, भूत-प्रेत बाधा, दुर्बलता, हृदय रोग, वायु-कफादि विकार, पेट विकारादि में मूँगे की भस्म अथवा मिट्टी का प्रयोग किया जाता है। मेष, कर्क, सिंह, तुला, वृश्चिक, मकर, कुम्भ, व मीन राशि एवं लग्न वालों को सुयोग्य ज्योतिषी के परामर्शानुसार मूँगा धारण करना लाभप्रद होगा।

धारण विधि

शुक्लपक्ष में मंगलवार को प्रातः मंगल की होरा में मृगशिरा, चित्रा, या घनिष्ठा नक्षत्र में सोने या ताँबे की अँगूठी में जड़वाकर, बीज मन्त्र द्वारा अभिमन्त्रित करके अनामिका अँगुली में 6, 8, 10 या 12 रत्ती के वज़न में धारण करना लाभदायक होता है। धारण करने के बाद मंगल ग्रह के लिए दान करना शुभ होता है।

बीज मन्त्र

'ऊँ क्रां, क्रीं, क्रौं सः भौमाय नमः'

बुध रत्न- पन्ना (EMERALD)

'पन्ना' बुध ग्रह का मुख्य रत्न है। संस्कृत में इसे मरकतमणि, फारसी में जमरूद व अँग्रेज़ी में इमराल्ड (Emerald) के नाम से जाना जाता है। पन्ना हरे रंग का स्वच्छ, पारदर्शी, कोमल, चिकना व चमकदार होता है।

परीक्षा

- ➡ शीशे के गिलास में साफ़ पानी और पन्ना डाल दिया जाये, तो हरी किरणें निकलती दिखायी देती हैं।
- ➡ शुद्ध पन्ने को हाथ में लेने पर वह हल्का, कोमल व आँखों को शीतलता प्रदान करता है।

लाभ

पन्ना धारण करने से बुद्धि तीव्र एवं स्मरण-शक्ति बढ़ती है। विद्या, बुद्धि, धन, एवं व्यापार में वृद्धि के लिए लाभप्रद माना जाता है। पन्ना सुख एवं आरोग्यकारक भी है। यह जादू-टोने, रक्त विकार, पथरी, बहुमूत्र, नेत्ररोग, दमा, गुरदे के विकार, मानसिक रोगों में लाभकारी माना जाता है। 'बुध' मिथुन, सिंह, कन्या, मकर, व मीन राशि वालों को विशेष लाभप्रद रहता है।

धारण विधि

यह रत्न शुक्लपक्ष के बुधवार को आश्लेषा, ज्येष्ठा, रेवती, अथवा पुष्य नक्षत्रों में अथवा बुध की होरा में सोने की अँगूठी में दायें हाथ की कनिष्ठिका अँगुली में बुध ग्रह के बीजमन्त्र से अभिमन्त्रित करते हुए धारण करना चाहिए। इसका वज़न 3, 6, 7 रत्ती के बीच में होना चाहिए।

बुध बीज मन्त्र

'ऊँ ब्रां, ब्रीं, ब्रौं सः बुधाय नमः'

गुरु रत्न-पुखराज़- (TOPAZ)

पुखराज गुरु (बृहस्पति) ग्रह का मुख्य रत्न है। संस्कृत में इसे पुष्प राजा, हिन्दी में पुखराज, व अँग्रेज़ी में टोपाज़ (Topaz) कहते हैं।

पहचानने की विधि

जो पुखराज स्पर्श में चिकना, हाथ में लेने पर कुछ भारी लगे, पारदर्शी, प्राकृतिक चमक से युक्त हो, वह उत्तम कोटि का माना जाता है

परीक्षा

- ➡ जहाँ किसी विषैले कीड़े ने काटा हो, वहाँ पर असली पुखराज घिसकर लगाने से विष उतर जाता है।
- ➡ 24 घण्टे कच्चे दूध में रखने के बाद यदि चमक में अन्तर न पड़े तो, पुखराज असली होगा।

लाभ

पुखराज धारण करने से बल, बुद्धि, स्वास्थ्य एवं आयु की वृद्धि होती है। वैवाहिक सुख, पुत्र-सन्तान कारक एवं धर्म-कर्म में प्रेरक होता है। प्रेत-बाधा का निवारण

एवं स्त्री के विवाहसुख की बाधा को दूर करने में सहायक होता है।

धारण विधि

पुखराज रत्न 3, 5, 7,9 या 12 रत्ती के वज़न का सोने की अँगूठी में जड़वाकर तर्जनी अँगुली में धारण करें, सुवर्ण या ताम्र बर्तन में कच्चा दूध, गंगाजल, पीले पुष्पों से एवं 'ऊँ ऐं क्लीं बृहस्पतये नम:' के बीज मन्त्र द्वारा अभिमन्त्रित करके धारण करना चाहिए। मन्त्र संख्या 19,000 है।

यह रत्न शुक्ल पक्ष के गुरुवार की होरा में, अथवा गुरुपुष्य योग में या पुनर्वसु, विशाखा, पूर्वाभाद्रपद नक्षत्र में धारण करना चाहिए।

धनु, मीन राशि के अतिरिक्त मेष, कर्क, वृश्चिक राशि वालों को पुखराज लाभप्रद रहता है। धारण करने के बाद गुरु से सम्बन्धित वस्तुओं का दान करना शुभ होता है।

सुनैला-इसे पुखराज का उपरत्न माना जाता है। पुखराज मूल्यवान होने के कारण सुनैला को उसके पूरक के रूप में धारण किया जा सकता है। श्रेष्ठ सुनैला हल्के पीले रंग (सरसों के जैसा पीलापन) का होता है। कई बार पुखराज से अधिक पीलापन लिये होता है तथा आंशिक मात्रा में पुखराज के समान ही उपयोगी होता है। धारण करने की विधि पुखराज जैसी ही है।

शुक्र रत्न-हीरा (DIAMOND)

हीरा शुक्र ग्रह का मुख्य प्रतिनिधित्व करता है। संस्कृत में इसे वज्रमणि, हिन्दी में हीरा तथा अँग्रेज़ी में डायमण्ड कहते हैं।

हीरा अत्यन्त चमकदार तथा श्वेत वर्ण का होता है।

पहचान

अत्यन्त चमकदार, चिकना, कठोर, पारदर्शी एवं किरणों से युक्त हीरा असली होता है।

परीक्षा

➡ यदि धूप में हीरा रख दिया जाये, तो उसमें से इन्द्रधनुष जैसी किरणें दिखायी देती हैं।

➡ अन्धेरे में जुगनू की तरह चमकता है।

लाभ

हीरे में वशीकरण करने की विशेष शक्ति होती है। इसके पहनने से वंश-वृद्धि, धन-लक्ष्मी व सम्पत्ति की वृद्धि, स्त्री एवं सन्तान सुख की प्राप्ति व स्वास्थ्य में लाभ होता है। वैवाहिक सुख में भी वृद्धिकारक माना जाता है।

धारण विधि

शुक्लपक्ष के शुक्रवार वाले दिन, शुक्र की होरा में, भरणी, पुष्य, पूर्वाफाल्गुनी,

पूर्वाषाढ़ा नक्षत्र में एक रत्ती या इससे अधिक वज़न का हीरा सोने की अँगूठी में जड़वाकर शुक्र के बीज मन्त्र 'ऊँ द्रां, द्रीं द्रौं सः शुक्राय नमः' का 16,000 की संख्या में जाप करके शुभ मुहूर्त में धारण करना चाहिए। हीरा मध्यमा अँगुली में धारण करना चाहिए। धारण करने के दिन शुक्र ग्रह से सम्बन्धित वस्तुएँ, जैसे दूध, चाँदी, दही, मिश्री, चावल, श्वेत वस्त्र, चन्दनादि का दान करना चाहिए।

हीरा वृष, मिथुन, कन्या, तुला, मकर, कुम्भ, राशि वालों को लाभदायक रहता है।

शुक्र के उपरत्न

फिरोज़ा-नीले आकाशीय रंग जैसा यह नग शुक्र का उपरत्न माना गया है। यह रत्न भूत-प्रेत, दैवी आपदा तथा आने कष्टों से धारक की रक्षा करता है। यदि इस रत्न को कोई भेंटस्वरूप प्राप्त करके पहनेगा, तो अधिक प्रभावशाली रहेगा। हल्के-प्रखर चमकदार रंग वाला रत्न उत्तम होता है। कोई भी कष्ट या रोग आने से पहले यह रत्न अपना रंग बदल लेता है। नेत्र रोग, सौन्दर्य, सिर दर्द, विषादि रोगों में विशेष लाभकारी रहता है।

ओपल-यह भी शुक्र का अन्य उपरत्न है, इसको धारण करने पर सदाचार, सदचिन्तन तथा धार्मिक कार्यों की ओर रुचि रहती है।

शनि रत्न-नीलम (SAPPHIRE)

नीलम शनि ग्रह का मुख्य रत्न है। हिन्दी में नीलम तथा अँग्रेज़ी में सैफ़ायर (Sapphire) कहते हैं।

पहचान

असली नीलम चमकीला, चिकना, मोरपंख के समान वर्ण जैसा, नीली किरणों से युक्त एवं पारदर्शी होता है।

परीक्षा

- ➡ असली नीलम को गाय के दूध में डाल दिया जाये, तो दूध का रंग नीला लगता है।
- ➡ पानी से भरे काँच के गिलास में डाला जाये, तो नीली किरणें दिखायी देंगी।
- ➡ धूप में रखने से नीले रंग की किरणें दिखायी देंगी।

लाभ

नीलम धारण करने से धन-धान्य, यश-कीर्ति, बुद्धि चातुर्य, सर्विस एवं व्यवसाय तथा वंश में वृद्धि होती है। स्वास्थ्य-सुख का लाभ होता है।

ध्यान रहे

आमतौर पर नीलम 24 घण्टे के भीतर ही प्रभाव करना शुरू कर देता है। यदि नीलम अनुकूल न बैठे, तो भारी नुक़सान की आशंका हो जाती है। इसलिए परीक्षा

के तौर पर कम-से-कम 3 दिन पास रखने पर यदि बुरे स्वप्न आयें, रोग उत्पन्न हो या चेहरे की बनावट में अन्तर आ जाये, तो नीलम न पहनें।

धारण विधि

नीलम 5,7,9,12 अथवा अधिक रत्ती के वज़न का पंचधातु, लोहे अथवा सोने की अँगूठी में शनिवार को शनि की होरा में एवं पुष्य, चित्रा, या शतभिषा नक्षत्रों में शनि के बीज मन्त्र 'ऊँ प्रां, प्रीं, प्रौं स: शनये नम:' 23,000 की संख्या में अभिमन्त्रित करके धारण करना चाहिए। इसके बाद शनि से सम्बन्धित वस्तुओं का दान करना चाहिए।

राहु रत्न-गोमेद (ZIRCON)

राहु रत्न गोमेद को संस्कृत में गोमेदक, अँग्रेज़ी में ज़िरकन (Zircon) कहते हैं। गोमेद का रंग गोमूत्र के समान हल्के पीले रंग का, कुछ लालिमा तथा श्यामवर्ण होता है। स्वच्छ, भारी, चिकना गोमेद उत्तम होता है तथा उसमें शहद के रंग की झांई भी दिखायी देती है।

पहचान

➡ सामान्यत: गोमेद उल्लू और बाज़ की आँख के समान होता है तथा गोमूत्र के समान होता है।

➡ शुद्ध गोमेद को 24 घण्टे तक गोमूत्र में रखने से गोमूत्र का रंग बदल जाता है।

धारण विधि

गोमेद रत्न शनिवार को शनि की होरा में, स्वाती, शतभिषा, आर्द्रा, अथवा रविपुष्य योग में पंचधातु अथवा लोहे की अँगूठी में जड़वाकर तथा राहु के बीज मन्त्र द्वारा अँगूठी अभिमन्त्रित करके दायें हाथ की मध्यमा अँगुली में धारण करना चाहिए। इसका वज़न 5,7,9 रत्ती का होना चाहिए।

राहु बीज मन्त्र

'ऊँ भ्रां भ्रीं भ्रौं स: राहवे नम:'

धारण करने के बाद बीज मन्त्र का पाठ हवन एवं सूर्य भगवान को अर्घ्य प्रदान कर नीले रंग का वस्त्र, कम्बल, तिल, बाजरा, आदि दक्षिणा सहित दान करें।

विधिपूर्वक गोमेद धारण करने से अनेक प्रकार की बीमारियाँ नष्ट होती हैं। धन-सम्पत्ति-सुख, सन्तान वृद्धि, वकालत व राजपक्ष आदि की उन्नति के लिए अत्यन्त लाभकारी है। शत्रु नाश के लिए भी इसका प्रयोग प्रभावी रहता है।

जिनकी कुण्डली में राहु 1,4,7,9,10 वें भाव में हो, उन्हें गोमेद रत्न पहनना चाहिए। मकर लग्न वालों के लिए गोमेद शुभ रहता है।

केतु रत्न-लहसुनिया (CAT'S EYE ONE)

केतु-रत्न लहसुनिया को संस्कृत में वैदूर्य, हिन्दी में लहसुनिया, अँग्रेज़ी में (Cat's eye one) कहते हैं। यह नग अन्धेरे में बिल्ली की आँखों के समान चमकता है। लहसुनिया 4 रंगों में पाया जाता है। काली तथा श्वेत आभा युक्त लहसुनिया जिस पर यज्ञोपवीत के समान तीन धारियाँ खिंची हों, वह ही उत्तम होता है।

पहचान

- असली लहसुनिया को यदि हड्डी के ऊपर रख दिया जाये, तो वह 24 घण्टे की भीतर हड्डी के आर-पार छेद कर देता है।
- असली लहसुनिया में ढाई या तीन सफ़ेद सूत्र होते हैं, जो बीच में इधर-उधर घूमते हिलते रहते हैं।

धारण विधि

लहसुनिया रत्न बुधवार के दिन अश्विनी, मघा, मूला नक्षत्रों में, रविपुष्य योग मे पंचधातु की अँगूठी में कनिष्ठका अँगुली में धारण करना चाहिए। धारण करने से पहले केतु के बीज मन्त्र द्वारा अँगूठी अभिमन्त्रित करें। 5 रत्ती से कम वज़न का नहीं होना चाहिए। प्रत्येक 3 साल बाद नयी अँगूठी में लहसुनिया जड़वाकर उसे अभिमन्त्रित कर धारण करना चाहिए।

केतु बीज मन्त्र

'ऊँ स्रां स्रीं स्रौं सः केतवे नमः'

रत्न धारण करने के बाद बुधवार को ही किसी श्रेष्ठ ब्राह्मण को तिल, तेल कम्बल, यथाशक्ति दक्षिणा सहित दान करें।

लाभ

विधिपूर्वक लहसुनिया धारण करने से भूत प्रेतादि की बाधा नहीं रहती है। सन्तान सुख, धन की वृद्धि एवं शत्रु व रोग नाश में सहायता करता है।

८

स्तूप-पद्धति से प्रश्न फल जानना

अंक ज्योतिष में स्तूप-पद्धति एक अत्यन्त महत्त्वपूर्ण पद्धति है। इसके माध्यम से हम किसी भी प्रश्न का उत्तर अच्छी तरह से जान सकते हैं।

इसमें जो प्रश्न होता है, उसके कुल शब्दों की संख्या सबसे पहले लिखी जाती है और उसके बाद प्रत्येक शब्दों के अक्षरों को लिखना होता है। उदाहरण के लिए अगर कोई व्यक्ति प्रश्न करता है कि क्या मैं अपनी परीक्षा में सफल होऊँगा। (Shall I pass in my examination)।

इस वाक्य में छः शब्द हैं। इसलिए सबसे पहले 6 का अंक लिखा जायेगा। उसके बाद 'शैल' के पाँच अक्षर, 'आई' का एक अक्षर, 'पास' के चार अक्षर, 'इन' के दो अक्षर, 'माई' के दो अक्षर तथा 'इक्ज़ामिनेशन' के ग्यारह अक्षरों की जगह दो का अक्षर लिखा जायेगा।

यहाँ ग़ौर करने वाली बात यह है कि प्रश्न में नौ से ज़्यादा शब्द नहीं होने चाहिए तथा यदि एक शब्द में नौ से ज़्यादा अक्षर हों, तो उसका लघुतम अंक निकालकर रखना चाहिए। जैसे 'एक्ज़ामिनेशन' में ग्यारह अक्षर हैं। यहाँ हम 11 का लघुतम अंक ऐसे निकाल सकते हैं- 11=1+1=2 का अंक लिखा जायेगा। इस प्रकार ऊपर के प्रश्न की संख्या निम्नलिखित प्रकार से बनी-

6 5 1 4 2 2

स्तूप बनाने की विधि यह है कि इसमें पहले और दूसरे अक्षर के जोड़ का लघुतम अंक उन दोनों के नीचे लिखा जायेगा, फिर दूसरे और तीसरे अंक के जोड़ का लघुतम अंक नीचे लिखा जायेगा। इस प्रकार आगे स्तूप बनाते रहना चाहिए। ऊपर की जो संख्या है, उसका स्तूप इस प्रकार बनेगा-

6 5 1 4 2 2
2 6 5 6 4
8 2 2 1
1 4 3
5 7
3

यहाँ सबसे ऊपर पंक्ति में 6+5 का जोड़=11 आया। अब 1+1=2 आया। इसी प्रकार 5+1=6, 1+4=5, 4+2=6, 2+2=4 आया। इसे दूसरी पंक्ति के अनुसार-2 6 5 6 4 लिखेंगे। इसी प्रकार करके पाँचवीं पंक्ति तक पहुँच जायेंगे। छठी पंक्ति में अन्तिम अंक 5+7=12, 1+2=3 आया।

इस प्रकार इस प्रश्न का स्तूप अंक 3 आया है। नीचे प्रत्येक स्तूप के अंकों के फल बताये जा रहे है।

स्तूप का अंक यदि 1 आये तो

यह अंक पूर्ण सफलता का सूचक है। बहुत ही जल्द आपके जीवन में ऐसा व्यक्ति आयेगा, जो आपके सारे कार्य सिद्ध करेगा और उसके सहयोग से आप सफलता प्राप्त करेंगे।

स्तूप का अंक यदि 2 आये तो

यह अंक अनिश्चिता का सूचक है। आपके जीवन में बाधाएँ आयेंगी और कोशिशें करने पर भी आप अपने इस कार्य में सफल नहीं हो पायेंगे।

स्तूप का अंक यदि 3 आये तो

आपके प्रयत्न निश्चय ही आपको सफलता प्रदान करेंगे। निकट भविष्य में किसी व्यक्ति से आपको सफलता मिलेगी।

स्तूप का अंक यदि 4 आये तो

आपके मनचाहे कार्य में काफ़ी बाधाएँ आयेंगी। जितनी ही ज़्यादा आप इन बाधाओं को हटाने का प्रयत्न करेंगे, उतनी ही ज़्यादा नयी-नयी समस्याएँ आपके सामने पैदा होती रहेंगी।

स्तूप का अंक यदि 5 आये तो

यह अंक पूर्ण सफलता का परिचायक है। कार्य-सिद्धि यात्रा के माध्यम से ही हो सकेगी। आपको चाहिए कि आप उच्च अधिकारियों से पत्र-व्यवहार करें या फिर व्यक्तिगत रूप से मिलें। निश्चय ही सफलता मिलेगी।

स्तूप का अंक यदि 6 आये तो

समय आपके अनुकूल है। किसी मित्र या महिला के सहयोग से आप अपने उद्देश्यों में सफलता प्राप्त करेंगे।

स्तूप का अंक यदि 7 आये तो

यह अंक कार्य-सफलता का सूचक है। हालाँकि कुछ समय से आपके कार्यों में बाधाएँ आ रही हैं, लेकिन ये बाधाएँ शीघ्र ही समाप्त हो जायेंगी और आप अपने उद्देश्य में सफल होंगे।

स्तूप का अंक यदि 8 आये तो

कार्य में सफलता निश्चित नहीं है। आपके विरोधी आपके कार्य में बाधाएँ डालेंगे। आपके बारे में ग़लत भ्रम बन गया है, जिसकी वजह से आपकी सफलता सन्दिग्ध हो गयी है।

स्तूप का अंक यदि 9 आये तो

आपके शत्रु शीघ्र ही परास्त होंगे तथा आप अपने लक्ष्य में सफल होंगे।

इस प्रकार आप अपने किसी भी प्रश्न का हल इस विधि से प्राप्त कर सकते हैं। इस विधि से आप अपने नाम का स्तूपांक भी निकाल सकते है।

इसका प्रयोग भागीदार या पति-पत्नी के सम्बन्धों को देखने के लिए किया जाता है।

यदि दो व्यक्तियों के स्तूपांक आपस में मित्र या सहयोगी अंक होते हैं, तो उन दोनों व्यक्तियों में मित्रता या सहयोग की भावना जीवन-भर बनी रहेगी।

उदाहरण के लिए यदि पति का स्तूपांक 9 है, तो 3 और 9 अंक परस्पर मित्र हैं, अतः इन दोनों का घनिष्ठ सम्बन्ध जीवन-भर रहेगा।

इसी प्रकार आप अपने स्तूपांक का अपने अधिकारी के स्तूपांक से या अपनी फ़र्म के स्तूपांक से सम्बन्ध ज्ञात कर सकते हैं। इसके अलावा आप अपने नाम के हिज्जे बदलकर अपने स्तूपांक को सामने वाले के स्तूपांक के अनुकूल बना सकते हैं।

यहाँ जवाहरलाल नेहरू के स्तूपांक पर एक नज़र डालते हैं।

```
JAWAHARLALNEHRU
1 1 5 1 8 1 1 3 1 3 5 5 8 1 3
 2 6 6 9 9 2 4 4 4 8 1 4 9 4
  8 3 6 9 2 6 8 8 3 9 5 4 4
   2 9 6 2 8 5 7 2 3 5 9 8
    2 6 8 1 4 3 9 5 8 5 8
     8 5 9 5 7 3 5 4 4 4
      4 5 5 2 1 8 9 8 8
       9 1 8 4 9 3 8 7
        1 9 3 4 8 7 6
         1 3 7 3 6 4
          4 1 1 9 1
           5 2 1 1
            7 2 2
             9 4
              4
```

ऊपर के स्तूप से जवाहरलाल नेहरू का स्तूपांक 4 आता है। इन्हें जीवन में उन व्यक्तियों से विशेष लाभ हुआ, जिनका स्तूपांक 4 था। काँग्रेस, भारतवर्ष, महात्मा गाँधी, पन्द्रह अगस्त, उन्नीस सौ सैंतालीस आदि सभी के स्तूपांक 4 हैं और इन सबका सम्बन्ध नेहरू जी से विशेष रूप से रहा है। और इन सबसे नेहरू जी को लाभ भी पहुँचा है।

इस प्रकार आपको चाहिए कि आप अपना स्तूपांक निकालकर अपनी फ़र्म, पत्नी, पति, अधिकारी, पुत्र, माता, पिता, सम्बन्धी, भागीदार, शहर, व्यवसाय आदि से लाभ-हानि ज्ञात कर सकते हैं।

यदि आप रुचि लेकर इस पद्धति को अपनायेंगे, तो आप निःसन्देह अपने जीवन को सुविधाजनक एवं सुखमय बना सकते हैं।

✻ ❋ ✻

अन्त में....

हम आशा करते हैं कि प्रस्तुत पुस्तक को पढ़कर अलग-अलग नक्षत्रों में जन्मे व्यक्तियों के राशिफल संबंधित आपकी संपूर्ण जिज्ञासाओं का समाधान हो गया होगा।

ज्योतिष संबंधी अपनी अन्य किसी समाधान के लिए हमारे यहाँ से प्रकाशित कोई दूसरी पुस्तक लेकर अपने ज्ञान में वृद्धि कर सकते हैं।

हिन्दी साहित्य

संगीत/रहस्य/जादू एवं तथ्य

कथा एवं कहानियाँ

NEW All Books Fully Coloured

बच्चों की कहानियाँ

बांगला भाषा की पुस्तकें

हमारी सभी पुस्तकें www.vspublishers.com पर उपलब्ध हैं

www.ingramcontent.com/pod-product-compliance
Lightning Source LLC
LaVergne TN
LVHW051201080426
835508LV00021B/2748
* 9 7 8 9 3 5 0 5 7 6 8 4 7 *